I0100018

3 Coleção
Ciências e Culturas

Coordenação Científica da Colecção Ciências e Culturas
João Rui Pita e Ana Leonor Pereira

Os originais enviados são sujeitos a apreciação científica por *referees*

Coordenação Editorial
Maria João Padez Ferreira de Castro

Edição
Imprensa da Universidade de Coimbra
Email: imprensa@uc.pt
URL: http://www.uc.pt/imprensa_uc

Design
António Barros

Pré-Impressão
António Resende
Imprensa da Universidade de Coimbra

Capa
António Barros, com imagem de *E. M. de Melo e Castro*, 2003 [Fractal original gerado no Fractint com tratamento no Photoshop 7.0]; Cortesia: António Barros

Print By
CreateSpace

ISBN
978-989-8074-13-3

ISBN Digital
978-989-26-0325-4

DOI
https://doi.org/10.14195/978-989-26-0325-4

Depósito Legal
263187/07

Os volumes desta coleção encontram-se indexados e catalogados na Basedados da Web of Science.

© Agosto 2006, Imprensa da Universidade de Coimbra

Ana Leonor Pereira
Heloísa B. Domingues
João Rui Pita
Oswaldo Salaverry

A Natureza
as suas Histórias
e os seus Caminhos

Sumário

NOTA DE ABERTURA

A obra que agora sai a público integra textos que serviram de base às intervenções proferidas no 2º Colóquio Internacional *Temas de Cultura Científica*, subordinado ao tema *A natureza, as suas histórias e os seus caminhos*. Tratou-se do segundo colóquio de uma série que tem tido uma continuidade regular. O evento, realizado a 2 de Março de 2004 na Faculdade de Letras da Universidade de Coimbra, integrou-se na VI Semana da Mostra Cultural da Universidade de Coimbra subordinada ao tema *Ciência e Sociedade. A cultura científica em Portugal e no Mundo*.

O Colóquio contou com quatro participações: a Prof.ª Doutora Ana Luísa Janeira, da Faculdade de Ciências da Universidade de Lisboa e do CICTSUL, que expôs o tema *História da Ciência, revolução científica e corte epistemológico*; a Prof.ª Doutora Heloísa Bertol Domingues, do Departamento de História da Ciência do Museu de Astronomia do Rio de Janeiro, Brasil, proferiu a conferência *A recepção do darwinismo no Brasil*; e os professores da Universidade de Coimbra Ana Leonor Pereira e João Rui Pita tiveram a seu cargo, respectivamente, *A recepção do darwinismo em Portugal* e *Práticas científicas à volta de 1900*.

Este colóquio internacional também foi organizado pelo Grupo de História e Sociologia da Ciência do Centro de Estudos Interdisciplinares do Século XX da Universidade de Coimbra – CEIS20 de acordo com o plano de actividades do referido grupo de investigação. Este plano compreende a realização de um conjunto de projectos como *Público e Privado: História Ecológico-Institucional do Corpo (1900-1950). O caso português* (POCTI / HAR / 49941 / 2002), *História da Farmácia em Portugal (1900-1950) / HISTOFAR* e *Egas Moniz: vida e obra de um Prémio Nobel / EMPNOBEL*.

Juntámos neste volume o texto que serviu de base à conferência proferida pelo Prof. Oswaldo Salaverry Garcia da Universidade Nacional Mayor de San Marcos, Lima, Perú, no *Colóquio Internacional Cultura Médico-Farmacêutica*, organizado igualmente pelo CEIS20 em 30 de Novembro de 2002. Tão perfeitamente como os restantes, este texto enquadra-se na temática *A natureza, as suas histórias e os seus caminhos*. Além disso, trata-se de um texto inovador que muito enriquece o presente volume e que através da Imprensa da Universidade, fica ao alcance de quantos têm procurado por ele. A sua originalidade prende-se com as raízes histórico-culturais do seu autor, com a sua formação epistemológica e com o domínio de fontes de difícil acesso mesmo aos especialistas da área.

A publicação desta obra conta com o apoio da Fundação para a Ciência e a Tecnologia – FCT – a quem muito reconhecidamente agradecemos o patrocínio. Igualmente, gostaríamos de distinguir todo o apoio concedido pela Reitoria da Universidade de Coimbra, aquando da realização do Colóquio, através do então Pró-Reitor para a Cultura, Prof. Doutor João Gouveia Monteiro.

Ana Leonor Pereira

Faculdade de Letras e CEIS20, Universidade de Coimbra, Portugal

A RECEPÇÃO DO DARWINISMO EM PORTUGAL[1]

A *geologia de Lyell* foi uma peça fundamental na elaboração da teoria darwiniana, o que é notório na *Origem das Espécies* e foi reconhecido pelo próprio Darwin na sua autobiografia[2]. De resto, a construção da teoria da descendência com modificações seria impensável se Darwin não possuísse um bom nível de conhecimentos geológicos. Na Universidade de Edimburgo, que frequentou entre 1825 e 1827, e onde era suposto estudar medicina, por decisão paterna, Darwin dedicou-se à geologia e o mesmo ocorreu na Universidade de Cambridge entre 1828 e 1831 onde alcançou o diploma de «Bachelor of Arts». Pode dizer-se que, em Cambridge, em vez de estudar teologia como lhe determinara o considerado médico Robert Waring Darwin, seu pai, o jovem Charles dava livre curso à sua vocação genuína[3]. Durante a viagem do Beagle (1831-1836), Darwin leu e estudou os *Principles of geology* de Lyell[4] o que, a par das pesquisas feitas no terreno, de geologia[5], biogeografia e ecologia, foi, talvez, determinante da emergência da teoria da descendência com modificações. A *Origem das espécies* alcançou um êxito editorial imediato. Darwin reflectiu sobre o surpreendente sucesso da sua obra: 1.250 exemplares esgotados em 24 de Novembro de 1859; mais 3.000 exemplares em 1860, na segunda edição; até 1876, só em Inglaterra, havia 16.000 exemplares vendidos[6].

---

[1] Adaptação de um fragmento da obra de Ana Leonor Pereira, *Darwin em Portugal. Filosofia. História. Engenharia Social (1865-1914)*, Coimbra, Almedina, 2001, 629 p.

[2] Charles Darwin, *Memorias y epistolario íntimo. Mi vida - Recuerdos del hijo - Correspondencia selecta.* Prólogo de Alberto Palcos. Buenos Aires, Editorial Elevación, 1946, p. 165 e ss.; vide também Michael Ruse, *La revolución darwinista (La ciencia al rojo vivo)*, Madrid, Alianza Editorial, 1983, pp. 73-82.

[3] Vide: James A. Secord, «The discovery of a vocation: Darwin's early geology», *The British Journal for the History of Science*, London, 24 (2-81) Jun. 1991, pp. 133-157. Frank H. T. Rodhes, «Darwin's search for a theory of the earth; symmetry, simplicity and speculation», *The British Jounal for the History of Science*, London, 24 (2-81) Jun. 1991, pp. 193-229.

[4] Vide: Michael T. Ghiselin, «Darwin, Charles Robert 1809-1882». In: *Dictionnaire du darwinisme et de l'évolution*, vol. 1, Paris, Presses Universitaires de France, 1996, sobretudo p. 774.

[5] Vide: Sandra Herbert, «Charles Darwin as a prospective geological author», *The British Journal for the History of Science*, London, 24 (2-81) Jun. 1991, pp. 159-192.

[6] Cf. Charles Darwin, *Memorias y epistolario íntimo... ob. cit.*, p. 84. Os números referidos coincidem com os dados da investigação de R. B. Freeman, *The works of Charles Darwin. An annotated bibliographical*

Na teoria darwiniana, as espécies animais e vegetais reproduzem-se tão rápida e abundantemente[7] que a luta pela vida é inevitável: luta entre indivíduos da mesma espécie, luta entre indivíduos de espécies diferentes e luta com as condições físicas da vida. É o poder de multiplicação das espécies que gera a luta donde resulta a sobrevivência dos mais aptos e a eliminação dos menos aptos, ou seja, a selecção natural das variações vantajosas e consequentemente a evolução adaptativa. A luta é fundamental mas a matéria prima sobre a qual opera a selecção natural é a variação.

Importa ter sempre presente que a obra darwiniana apresentava uma hipótese inovadora, que demorou cerca de vinte anos[8] a ser testada e convertida em modelo teórico (1839-1859). Era normal que ela despertasse o interesse da comunidade científica e a curiosidade do público leitor. François Russo admite que nada há de extraordinário no sucesso da obra darwiniana pois uma revolução científica, ou «le saut dans la nouveauté est souvent offert par une publication qui fait sensation»[9]. A *Origem das espécies* não é uma excepção à regra[10]. Também ela teve um longo tempo de maturação para poder dar «o salto na novidade» de que fala François Russo. Darwin contava trinta anos quando começou a conceber a teoria da descendência com modificações por selecção natural. Aos cinquenta anos de idade dá à estampa a sua obra magna que se difundiu por todo o mundo em onze línguas até à morte de Darwin em 1882, e num total de vinte e nove línguas até 1977[11]. Nenhuma outra obra de Darwin alcançou semelhante êxito. A *Origem do homem* (1871) e *A expressão das emoções* (1872), obras que desenvolvem o «longo argumento» de 1859[12], particularmente em relação à espécie humana, ficaram um pouco aquém da *Origem das espécies*, conforme se pode verificar nos quadros seguintes.

handlist. Second edition revised and enlarged. Folkestone-Hamden, Dawson-Archon Books, 1977, pp. 84-87. Comparando com as tiragens de algumas obras literárias, os números referidos não são muito elevados. Mas, tratando-se de uma obra científica, a tiragem foi, de facto, excepcional. Vide: Gertrude Himmelfarb, *Darwin and the darwinian revolution*, London, Chatto & Windus, 1959, p. 209.

[7] No impressivo texto darwiniano: «all organic beings, without exception, tend to increase at so high a ratio, that no district, no station, not even the whole surface of the land or the whole ocean, would hold the progeny of a single pair after a certain number of generations», Idem, *ibidem*, vol. 1, pp. 5-6.

[8] Vinte anos é o tempo médio de maturação das grandes obras científicas e filosóficas. Vide: Paul Scheurer, *Révolutions de la science et permanence du réel*, Paris, PUF, 1979, sobretudo p. 7.

[9] François Russo, *Nature et méthode de l'histoire de sciences*, Paris, Librairie Scientifique et Technique Albert Blanchard, 1983, p. 99.

[10] Na história das ciências, algumas obras são marcos de viragem, sinalizam a emergência de novos paradigmas: «par exemple la publication des 'Principia' de Newton en 1687, de l' 'Origine des espèces' en 1859 par Darwin, de la Communication à l'Académie de Berlin en Décembre 1900 de Planck qui introduisait la notion de quanta, du mémoire d'Einstein en 1905 sur la relativité», François Russo, *Nature et méthode de l'histoire de sciences, ob. cit.*, p. 99.

[11] Vide: R. B. Freeman, *The works of Charles Darwin. An annotated bibliographical handlist*, Second edition revised and enlarged. Folkestone-Hamden, Dawson-Archon Books, 1977, p. 83.

[12] Vide: Charles Darwin, *The descent of man, and selection in relation to sex*, London, John Murray, 1875, pp. 1-4; Idem, *The expression of the emotions in man and animals*. With a preface by Konrad Lorenz. Chicago-London, The University of Chicago Press, 1965, sobretudo, pp. 347-366.

Quadro comparativo das diferentes línguas em que foi impressa a obra de
Charles Darwin *Origem das Espécies* e datas das primeiras edições.

Origem das Espécies				
Língua de impressão	Data da 1ª edição	Nº de edições (até 1913)	Nº de edições (até 1920)	Nº de edições (até 1977)
Inglês	1859	148	157	260
Alemão	1860	20	23	26
Francês	1862	14	14	17
Russo	1864	10	10	18
Italiano	1864	2	5	12
Holandês	1864	5	5	6
Sueco	1869	2	3	3
Dinamarquês	1872	3	3	5
Polaco	1873	2	2	4
Húngaro	1873	2	2	4
Espanhol	1877	6	6	25
Sérvio	1878	1	1	2
Japonês	1896	2	3	15
Chinês	1903	3	5	8
Português	1913	1	1	3
Checo	1914	-	1	2
Letão	1914	-	1	2
Grego	1915	-	1	2
Finlandês	1928	-	-	1
Arménio	1936	-	-	2
Ucraniano	1936	-	-	2
Búlgaro	1946	-	-	2
Romeno	1950	-	-	2
Esloveno	1951	-	-	2
Coreano	1957	-	-	4
Lituanio	1959	-	-	1
Hebreu	1960	-	-	2
Hindu	1964	-	-	1
Turco	1970	-	-	1

Quadro construído a partir dos dados colhidos em R. B. Freeman, *The works of Charles Darwin. An annotated bibliographical handlist*, Second edition revised and enlarged. Folkestone-Hamden, Dawson--Archon Books, 1977, pp. 73-111.

Nota: Em 1913 é publicada a primeira tradução portuguesa da *Origem das Espécies*.

Em 2005 é dada à estampa uma nova edição de A *Origem das Espécies*[13]
Vejamos agora o seguinte quadro:

Quadro comparativo das diferentes línguas em que foi impressa a obra de
Charles Darwin *Origem do Homem* e datas das primeiras edições

Origem do Homem				
Língua de impressão	Data da 1ª edição	Nº de edições (até 1910)	Nº de edições (até 1920)	Nº de edições (até 1977)
Inglês	1871	81	91	111
Alemão	1871	11	13	19
Russo	1871	12	12	15
Italiano	1871	2	5	13
Holandês	1871	5	5	5
Francês	1872	7	7	7
Sueco	1872	1	1	1
Dinamarquês	1874	2	2	3
Polaco	1874	1	1	3
Húngaro	1884	1	2	5
Espanhol	1885	2	2	13
Checo	1906	1	1	2
Português	1910	2	3	4
Yiddish((judeu-al.)	1921	-	-	3
Búlgaro	1927	-	-	1
Japonês	1949	-	-	1
Esloveno	1950	-	-	1
Romeno	1967	-	-	1
Turco	1970	-	-	1

Yiddish (judeu-al.) - judeu alemão.
Quadro construído a partir dos dados colhidos em R.B. Freeman, *The works of Charles Darwin. An annotated bibliographical handlist*, Second edition revised and enlarged. Folkestone-Hamden, Dawson- -Archon Books, 1977, pp. 128-142.

Nota: Pela primeira vez, em 1910, são publicadas duas traduções diferentes, e ambas parciais, em língua portuguesa da *Origem do Homem*[14].

---

[13] Vide: Ana Catarina Loureiro, recensão crítica de Charles Darwin, «A Origem das Espécies», Tradução de Dora Baptista, Mem Martins, Publicações Europa-América, 2005, 387 p., Estudos do Século xx, 6, 2006, pp. 404-408.

[14] Charles Darwin, *A origem do homem*. Traducção synthetisada de João Corrêa d'Oliveira. Porto, Magalhães & Moniz-Editores, 1910(?), 262 pp. - Bibliotheca de Educação Intellectual, 5. ; Charles Darwin, *A origem do homem. A selecção natural e a sexual*. Traducção de Oldemiro Cesar. Porto, J. Ferreira dos Santos-Editor, 1910, 2 vols. (96 pp. ; 119 pp.).

Passemos, então, ao quadro seguinte:

Quadro comparativo das diferentes línguas em que foi impressa a obra de
Charles Darwin *A Expressão das Emoções* e datas das primeiras edições

A Expressão das Emoções			
Língua de impressão	Data da 1ª edição	Nº de edição (até 1920)	Nº de edição (até 1977)
Inglês	1872	24	40
Alemão	1872	10	12
Russo	1872	6	8
Holandês	1873	2	2
Polaco	1873	1	2
Francês	1874	3	3
Italiano	1878	3	4
Espanhol	1902	1	2
Húngaro	1963	-	1
Checo	1964	-	1
Romeno	1967	-	1

(Quadro construído a partir dos dados colhidos em R.B. Freeman, *The works of Charles Darwin. An annotated bibliographical handlist*, Second edition revised and enlarged. Folkestone-Hamden, Dawson--Archon Books, 1977, pp. 142-149).

Nota: Recentemente surgiu uma tradução de *A Expressão das Emoções* em língua portuguesa[15].

No domínio das ciências naturais, a teoria darwiniana conheceu, entre nós, dificuldades de implantação, em larga medida porque a botânica e a zoologia portuguesas encontravam-se na fase de inventariação, descrição, identificação e classificação das espécies, segundo os moldes estáticos de Lineu e de Cuvier e, portanto, à margem dos problemas genealógicos (origens, afinidades, filiação, etc.) do código evolucionista[16].

No entanto, é justo reconhecer que a defesa consistente da teoria biológica de Darwin foi inaugurada por Júlio Augusto Henriques em 1865, na sua dissertação para

---

[15] Charles Darwin, *A Expressão das Emoções no Homem e nos Animais*, Tradução de José Miguel Silva, Lisboa, Relógio d'Água Editores, 2006, 347 p.

[16] Vide: Ana Leonor Pereira; João Rui Pita, «Ciências». In: *História de Portugal*. Direcção de José Mattoso. vol. 5 - *O liberalismo (1807-1890)*. Coordenação de Luís Reis Torgal e João Lourenço Roque, Lisboa, Círculo de Leitores, 1993, pp. 656-658. Sobre o estado da história natural, entre nós, por volta de 1880 e de 1890, vide, respectivamente: A. J. Ferreira da Silva, «Exposição de historia natural. Discurso d'abertura do Presidente da Secção de Sciencias Physiologico-Naturaes, pronunciado no dia 16 de Outubro», *Revista da Sociedade de Instrucção do Porto*, Porto, 1 (11) 1 Nov. 1881, pp. 343-357; Júlio Augusto Henriques, «Universidade de Coimbra. Faculdade de Philosophia. 1879-1892», *O Instituto*, Coimbra, 41 (1) Jul. 1893, pp. 29-49.

o acto de conclusões magnas, apresentada à Faculdade de Filosofia da Universidade de Coimbra[17]. Em 1866, na sua dissertação de concurso para a mesma Faculdade[18], Júlio Augusto Henriques, antecipando-se em cinco anos ao naturalista inglês, aplica a teoria da evolução por selecção natural à espécie humana. Nestes dois trabalhos excepcionais, o futuro director do Jardim Botânico analisa todas as provas da teoria darwiniana: as provas geológicas, paleontológicas e biogeográficas, as provas da anatomia comparada, da morfologia e da embriologia disponíveis na época; as ilações tiradas da selecção artificial e do hibridismo, etc.. Também revela que inteligiu fielmente a ideia darwiniana de evolução, não a confundindo com a ideia de progresso necessário e teleológico, nem vendo no seu mecanismo — a selecção natural — algum demiurgo com intentos pré-determinados. Na sua *Antiguidade do homem* (1866), escreve: «Nenhum acontecimento notável, nenhuma circunstância extraordinária acompanhou a aparição do homem. Já a maior parte da flora actual existia, bem como muitos dos animais, que hoje se conhecem. Não foi necessária nenhuma dessas grandes revoluções que a geologia imagina. *No decorrer do tempo, num momento da vida da terra, apareceu ele como milhares de seres que o tinham precedido, para talvez desaparecer*, como desapareceram muitos animais seus contemporâneos nos primeiros tempos, e como muitos que hoje vão desaparecendo»[19]. O homem é um ser vivo entre os demais seres vivos, animais ou plantas, e, como eles, não tem algum «destino», mas uma existência precária ameaçada por múltiplas contingências.

Pioneiro foi também Jaime Batalha Reis que, em 1866[20], sustentou a doutrina darwiniana da descendência com modificações, embora de forma hábil e superficial, nas suas teses manuscritas apresentadas ao, então, Instituto Geral de Agricultura.

---

[17] Vide: Júlio Augusto Henriques, *As espécies são mudáveis?*, Coimbra, Imprensa da Universidade, 1865; Abílio Fernandes, «História da Botânica em Portugal até finais do século XIX». In: *História e Desenvolvimento da Ciência em Portugal. I Colóquio - até ao século XX*, Lisboa, Academia das Ciências de Lisboa, 1986, vol. 2, sobretudo pp. 234-235.

[18] Vide: Júlio Augusto Henriques, *Antiguidade do homem*, Coimbra, Imprensa da Universidade, 1866; Ana Leonor Pereira, «O espírito científico contemporâneo na Universidade de Coimbra. Júlio Augusto Henriques». In: *Universidade(s) - História. Memória. Perspectivas. Actas do Congresso «História da Universidade» (No 7º Centenário da sua fundação)*, Coimbra, Comissão Organizadora do Congresso «História da Universidade», 1991, vol. 1, pp. 347-365.

[19] Júlio Augusto Henriques, *Antiguidade do homem, ob. cit.*, p. 27.

[20] Vide: Jaime Batalha Reis, *A vinha e o vinho*. Dissertação e theses, apresentadas ao Instituto Geral de Agricultura, para serem sustentadas no acto final do Curso de Agronomia. Lisboa, 1866 (Manuscrito - Instituto Superior de Agronomia, Lisboa). Vide, também, na Biblioteca Nacional de Lisboa, *Espólio Jaime Batalha Reis*, Esp. 4, Caixa 45, pasta 78. *Carta de Jaime Batalha Reis a Pedro Batalha Reis, seu sobrinho, datada de 9 de Outubro de 1930* (Manuscrito). Vide, também, o artigo de João Carlos Garcia, «Jaime Batalha Reis, geógrafo esquecido», *Finisterra*, Lisboa, 20 (40), 1985, pp. 300-314. Em 1871, Jaime Batalha Reis invoca a autoridade de Darwin para condenar a proibição das Conferências Democráticas do Casino Lisbonense. Vide: Jaime Batalha Reis, «Eu sou socialista». In: João Medina, *As conferências do Casino e o socialismo em Portugal*, Lisboa, Publicações Dom Quixote, 1894, pp. 86-90. Trata-se de um excerto da «Carta ao Ex.mo Sr. Marquês de Ávila e Bolama, Porto, Tipografia Comercial, Belmonte, 1871, 12 p.». Em 1894 e 1895 Jaime Batalha Reis inaugurou os estudos de geografia científica em Portugal, com os seguintes trabalhos: «As leis naturais do mundo. O organismo-terra» (artigo publicado em *O Comércio do Porto*, 20 Jan. 1894); «On the definition of Geography as a science and on the conception and description of the earth as an organism» (apresentado no *Sixth International Geographical Congress*, London, 1895). Artigos reproduzidos

Por outro lado, tanto quanto pudemos averiguar, foi precisamente um jovem naturalista, auto-didacta e adepto convicto da teoria darwiniana, Arruda Furtado, o único português a travar correspondência com Charles Darwin[21]. O sábio inglês, então, com setenta e dois anos, propusera ao jovem açoreano um plano de estudos da fauna e da flora do arquipélago dos Açores. Morto prematuramente de tuberculose, com 33 anos, em 1887, Francisco de Arruda Furtado ainda publicou vários artigos sobre malacologia açoriana[22] e deixou um manuscrito intitulado «Programa de explorações malacológicas nos mares dos Açores» que, até hoje, não foi cumprido[23].

Outros cientistas da natureza[24] pronunciaram-se sobre o darwinismo, enquanto teoria da evolução orgânica, sendo justo salientar o bem informado trabalho manuscrito do naturalista botânico, Luís Wittnich Carrisso[25], datado de 1910, o compêndio de Bernardo Aires de 1911[26], e o qualificado estudo de Armando Cortesão, *A teoria da mutação e o melhoramento das plantas: (Estudo trematológico)*, publicado em 1913[27].

Nos domínios da paleoantropologia e da arqueologia pré-histórica em Portugal, 1865 é uma data memorável pois, nesse ano, Pereira da Costa publica um estudo pioneiro[28], ao qual se seguiram outros trabalhos do mesmo autor[29], bem como de Nery Delgado e de Carlos Ribeiro, realizados no âmbito da *Segunda Comissão Geológica de*

---

em, Jaime Batalha Reis, *Estudos geográficos e históricos*, Lisboa, Agência Geral das Colónias, 1941, respectivamente, pp. 147-168; pp. 169-195.

[21] Vide: Carlos das Neves Tavares, «Quatro cartas inéditas de Charles Darwin para Francisco d'Arruda Furtado», *Revista da Faculdade de Ciências da Universidade de Lisboa*, 2ª sér., C - Ciências Naturais, Lisboa, 5 (2), 1957, pp. 277-305; Germano da Fonseca Sacarrão, «Sobre o método em Darwin e a episódica relação com Arruda Furtado», *Prelo*, Lisboa, (11), Abr. Jun. 1986, pp. 81-88; Manuel Cadafaz de Matos, «Arruda Furtado correspondente de Darwin», *Prelo*, Lisboa, (11) Abr.-Jun. 1986, pp. 89-93.

[22] Vide, por exemplo: Arruda Furtado, «Pequenas contribuições para o estudo da origem das especies malacologicas terrestres das ilhas dos Açores», *Era Nova*, Lisboa, 1, 1880-1881, pp. 548-552.

[23] Vide: António M. de Frias Martins, «Arruda Furtado na malacologia açoriana», *Açoreana*, Ponta Delgada, 7 (1), 1989, pp. 9-16.

[24] Nomeadamente, Albino Augusto Giraldes, *Questões de philosophia natural (Notas e apontamentos): II - O darwinismo ou a origem das especies. Conferencia*, Coimbra, Imprensa da Universidade, 1878; João Gualberto de Barros e Cunha, *As ultimas theorias biologicas*, Coimbra, Imprensa da Universidade, 1892.

[25] Vide: Luís Wittnich Carrisso, *Hereditariedade*. Coimbra, Edição do A., 1910. [3], 236 fl. - Dissertação manuscrita para o acto de licenciatura na Secção de Sciencias Historico-Naturais da Faculdade de Philosophia, apresentada em 14 de Março de 1910 (Biblioteca Geral da Universidade de Coimbra).

[26] Vide: Bernardo Aires, *Principios de biologia. Protozoarios*, Coimbra, Imprensa da Universidade, 1911, sobretudo pp. 312-377. Em 1892, defendia nas suas teses: «Botânica I - Sustentamos a identidade filogenética dos vegetais e animais»; «Zoologia II - Negamos a hereditariedade das mutilações(Weismann)», Bernardo Aires, *Theses de philosophia natural que (...) se propõe defender na Universidade de Coimbra nos dias 22 e 23 de Junho de 1892 para obter o grau de doutor*, Coimbra, Imprensa da Universidade, 1892, p. 17.

[27] Armando Cortesão, *A teoria da mutação e o melhoramento das plantas: (Estudo trematológico)*. Porto, «Renascença Portuguesa», 1913.

[28] Vide: F. A. Pereira da Costa, *Da existência do homem em epochas remotas no valle do Tejo. Primeiro opusculo. Noticia sobre os esqueletos humanos descobertos no cabeço da Arruda*, Lisboa, Imprensa Nacional, 1865 (com uma versão em francês).

[29] Vide: F. A. Pereira da Costa, *Noções sobre o estado prehistorico da terra e do homem seguidas da descripção de alguns dolmins ou antas de Portugal*. Com a traducção franceza de M. Dalhunty. Lisboa, Typographia da Academia Real das Sciencias, 1868.

Portugal[30]. Com efeito, os trabalhos de prospecção e levantamento geológico do país estão directamente ligados ao nascimento daquelas disciplinas científicas entre nós. A paixão pela descoberta de restos humanos fósseis e de outros vestígios da sua existência em depósitos antigos da era quaternária da terra, foi concretizada por Carlos Ribeiro para lá das expectativas mais serenas. Convicto de que um conjunto de peças líticas, que encontrou em camadas da era terciária nos vales do Tejo e do Sado, constituíam uma prova da altíssima antiguidade do homem, lançou-as para o debate internacional, entre 1871 e 1880[31] e conseguiu que o *IX Congresso Internacional de Antropologia e de Arqueologia Pré-Histórica* tivesse lugar em Lisboa, no ano de 1880. Calorosamente defendeu que aqueles «eólitos» tinham sido talhados intencionalmente por um ser muito antigo, de baixa estatura[32]. O sábio antropo-arqueólogo Gabriel de Mortillet, impressionado, precipitou-se e baptizou esse hipotético homem-macaco, do qual «nem um dente se conhece»[33], com o nome de «Homo simius Ribeiro» ou «anthropopithecus Ribeiro»[34]. Vários estudiosos internacionais e nacionais mostraram reservas quanto às

---

[30] Vide: Paul Choffat, «La géologie portugaise et l'oeuvre de Nery Delgado», *Bulletin de la Société Portugaise des Sciences Naturelles*, Lisbonne, 3, supl. 1, 1909, sobretudo pp. 15-33; M. Teles Antunes, «Sobre a história da paleontologia em Portugal». In: *História e Desenvolvimento da Ciência em Portugal. I Colóquio - até ao século XX*. Lisboa, Academia das Ciências de Lisboa, 1986, vol. 2, sobretudo, p. 793 e ss.

[31] Vide: Carlos Ribeiro, *Relatorio ácerca da sexta reunião do Congresso de Anthropologia e de Archeologia Prehistorica verificada na cidade de Bruxellas em Agosto de 1872*, Lisboa, Imprensa Nacional, 1873, pp. 7-8; Gabriel Mortillet; Adrien de Mortillet, *Musée préhistorique*. Album de 105 planches. Photogravure C. Ruckert. Deuxième édition revue et complétée. Paris, Librairie C. Reinwald, 1903, (Planche III). A defesa da existência do «homem terciário» não representava uma ousadia pessoal de Carlos Ribeiro. Entre outros, pronunciaram-se a favor desta hipótese, Correia Barata: «Sustentamos a existência do homem terciário (mioceno, plioceno)», *Theses de philosophia natural que (...) se propõe defender na Universidade de Coimbra para obter o grau de doutor*, Coimbra, Imprensa da Universidade, 1872, p. 15; José Diogo Arroio: «Foi durante o período terciário que a evolução duma forma pitecóide superior produziu o homem», *Theses de philosophia natural que (...) se propõe defender na Universidade de Coimbra para obter o grau de doutor*, Coimbra, Imprensa da Universidade, 1880, p. 19; Bernardo Aires: «O *homem terciário* existiu no Ocidente da Europa», *Theses de philosophia natural que (...) se propõe defender na Universidade de Coimbra nos dias 22 e 23 de Junho de 1892 para obter o grau de doutor*, Coimbra, Imprensa da Universidade, 1892, p. 21. Sublinhado do Autor. Também o professor da Faculdade de Direito da Universidade de Coimbra, João José Mendonça Cortez, em 1876, admitia a existência do «homem terciário». Vide: Códice 9759, *Estudos geológicos e antropológicos da Península Ibérica. Documentos autógrafos do A.* 4 maços. Maço 1. Manuscritos existentes na B.N.L..

[32] Vide: Carlos Ribeiro, «L'homme tertiaire en Portugal». In: *Congrès International d'Anthropologie et d'Archéologie Préhistoriques - Compte rendu*, Lisbonne, Typographie de l'Académie Royale des Sciences 1884, pp. 81-92.

[33] Mendes Correia, *Homo: (Os modernos estudos sobre a origem do homem)*. 2ª edição inteiramente refundida, Coimbra, «Atlantida» Livraria Editora, 1926, p. 131.

[34] Vide: Ricardo Severo, «Carlos Ribeiro», *Revista de Sciencias Naturaes e Sociaes*, Porto, 5, 1898, pp. 169-170; Ricardo Jorge, *Hygiene social applicada á Nação Portugueza. Conferencias feitas no Porto*, Porto, Livraria Civilisação de Eduardo da Costa Santos-Editor, 1885, p. 93. Vide, também: Alexandre da Conceição, «O sr. Carlos Ribeiro e a questão do homem terciario», *O Seculo*, Lisboa, 2 (592) 14 Dez. 1882, p. 1; António Augusto Mendes Correia, «O homem terciário em Portugal», *Lusitania*, Lisboa, 3(9) 1926, pp. 1-16; António Carlos Silva, «A questão do 'homem terciário' portugûes», *História*, Lisboa, (21) Jul. 1980, pp. 50-60.

provas da existência do referido homem terciário, nomeadamente, Nery Delgado[35], mas nenhuma escrita gravou um juízo mais certeiro daquelas ciências tão novas e tão ávidas de dogmas e de mitos[36], como o traço firme e sugestivo de Rafael Bordalo Pinheiro[37].

A relação entre a paleoantropologia, a pré-história e o darwinismo não é uma evidência[38] nos trabalhos de campo dos cultores portugueses das referidas disciplinas. Mas, dado que o seu referente teórico fundamental era a obra de Charles Lyell, sobretudo, *The geological evidences of the antiquity of man* (1863)[39], traduzida para francês em 1864, na qual o geólogo escocês expunha a teoria de Darwin e aplicava-a à espécie humana[40], é lícito afirmar que, pelo menos, indirectamente, a revolução darwiniana repercutiu-se nas pesquisas de campo paleoantropológicas em Portugal.

De grande alcance, embora não directamente em termos de impacto darwínico, foi a criação da cadeira de «Antropologia, Paleontologia Humana e Arqueologia Pré-histórica» em 1885, por Bernardino Machado, na Faculdade de Filosofia da Universidade de Coimbra[41]. É certo que Bernardino Machado não invoca a autoridade de Darwin para justificar a necessidade de institucionalização dos estudos antropológicos[42] e que as obras darwinianas de 1859, 1871 e de 1872 não constam na lista dos manuais que recomendou aos alunos[43]. Está igualmente provado que, sob a orientação de Bernardino Machado, os alunos dedicavam-se sobretudo à antropologia física, tendo elaborado trabalhos de craniometria e de osteometria desde 1885[44]. No entanto, o

---

[35] Vide: Joaquim Filipe Nery Delgado, *Relatorio ácerca da decima sessão do Congresso Internacional de Anthropologia e Archeologia Prehistoricas*, Lisboa, Imprensa Nacional, 1890, pp. 33-35.

[36] Vide: Hermann Schaaffhausen, «L'homme préhistorique». In: *Congrès International d'Anthropologie et d'Archéologie Préhistoriques - Compte rendu.*, Lisbonne, Typographie de l'Académie Royale des Sciences 1884, pp. 140-150.

[37] Vide: Rafael Bordalo Pinheiro, «Abertura dos congressos» [e seguintes], *O Antonio Maria*, Lisboa, 2 (69) 23 de Setembro de 1880, pp. 309-316; 2 (70) 30 de Setembro de 1880, pp. 317-324.

[38] Sobre esta temática a nível europeu, vide: Claude Masset, «Darwinisme et préhistoire?». In: *Darwinisme et société*. Direction de Patrick Tort, Paris, Presses Universitaires de France, 1992, pp. 651-655; Bruce G. Trigger, *A history of archaeological thought*, Cambridge e outras, Cambridge University Press, 1989.

[39] Vide: F.A. Pereira da Costa, *Da existência do homem em epochas remotas no valle do Tejo. Primeiro opusculo. Noticia sobre os esqueletos humanos descobertos no cabeço da Arruda*, Lisboa, Imprensa Nacional, 1865, p. 3.

[40] Vide: Charles Lyell, *L'ancienneté de l'homme prouvée par la géologie et remarques sur les théories relatives a l'origine des espèces par variation*. Traduit avec le consentement et le concours de l'auteur par Mr. M. Chaper. Deuxième édition. Paris, J. - B. Baillière et Fils, 1870, pp. 451-559.

[41] Vide: *Cem anos de antropologia em Coimbra 1885-1985*, Coimbra, Museu e Laboratório Antropológico, 1985, p. 13 e ss. Vide também, Manuel Laranjeira Rodrigues Areia; M. A. Tavares da Rocha; M. Arminda Miranda, «O Museu e Laboratório Antropológico da Universidade de Coimbra». In: *Universidade(s) - Historia. Memória. Perspectivas. Actas do Congresso «História da Universidade» (No 7º Centenário da sua fundação)*, ob. cit., vol. 2, pp. 87-105.

[42] Vide: Bernardino Machado, *A Universidade de Coimbra*. Segunda edição. Lisboa, Ed. do A., 1908, pp. 45-49.

[43] Vide: *Cem anos de antropologia em Coimbra 1885-1985*, ob. cit., p. 15.

[44] Vide: *Aula de Antropologia da Universidade de Coimbra - Trabalhos de alumnos*, Coimbra, Imprensa da Universidade, 1902. Compreende doze estudos antropométricos (índice cefálico, índice nasal dos portugueses, etc.) feitos pelos alunos: João Gualberto de Barros e Cunha, Álvaro José da Silva Basto, José

sábio professor e político tinha defendido em 1876, nas suas *Theses de philosophia*, a seguinte proposição: «a variabilidade e a hereditariedade, nas condições de luta para a existência, produzem a selecção natural»[45]. E mesmo que este enunciado (defendido na Secção de «Zoologia e Geologia») não seja propriamente darwínico, pois falta nele algo de essencial, a saber, a descendência com modificações ou evolução, julgamos que Bernardino Machado não foi indiferente à revolução darwiniana. Para provar isto mesmo, transcrevemos as palavras que dedicou à memória do naturalista inglês, curiosamente num discurso comemorativo do centenário da morte do Marquês de Pombal, onde se lê: «um Darwin, por exemplo. Se lidou esse! lidou constantemente; e assim, alento a alento, tirou de si a obra assombrosa da teoria das transformações orgânicas, ou, como para lhe perpetuar o nome melhor se diz, o darwinismo: tirou-o de si a poder do engenho e com a paciência com que o oceano — explicou ele — floreja à superfície os colossais recifes coralinos feitos de animalculos quase invisíveis. Para sempre seja bendita a tua memória, adorável sábio!»[46]. Embora não tenha escrito algum tratado, não duvidamos que Bernardino Machado e os seus sucessores estavam perfeitamente ao corrente da antropologia darwínica mais ou menos ortodoxa. Tenhamos sempre presente que Júlio Augusto Henriques abriu o caminho aos seus discípulos, o que, a par do interesse de cada um pelo novo, permite-nos admitir que teses como as de Meireles Garrido[47] ou de Silva Basto[48] não eram excepções.

Quem, na verdade, fora de qualquer enquadramento institucional, escreveu o primeiro tratado de Antropologia evolucionista foi Oliveira Martins que se revelou um tratadista genial, porque simultaneamente expositivo e crítico. A primeira edição dos seus *Elementos de antropologia* foi publicada em 1880[49], no ano em que decorreu o *IX Congresso Internacional de Antropologia e de Arqueologia Pré-histórica*, em Lisboa. Igualmente em 1880 começa a ser estampada a *História natural illustrada* de Júlio de

Cardoso de Meneses, António Aurélio da Costa Ferreira, João Salema, Alexandre Alberto de Sousa Pinto, Agostinho Viegas da Cunha Lucas, João Ernesto Mascarenhas de Melo, Vasco Nogueira de Oliveira, Abílio Augusto da Silva Barreiro, Álvaro R. Machado. Por outro lado, dos nove trabalhos manuscritos, existentes no Cofre do Departamento de Antropologia da Universidade de Coimbra, apresentados entre 1897 e 1907, cinco abordam temas de antropologia física e apenas um reflecte a influência do evolucionismo mais lamarckista do que darwiniano. É o trabalho de José de Oliveira Ferreira Dinis, devidamente referenciado na nossa Bibliografia, tal como os restantes.

[45] Bernardino Machado, *Theses de philosophia natural que (...) se propõe defender na Universidade de Coimbra no dia 9 de Junho de 1876 para obter o grau de doutor*, Coimbra, Imprensa da Universidade, 1876, p. 13.

[46] Bernardino Machado, *Discurso commemorativo do Marquez de Pombal*, Coimbra, Imprensa da Universidade, 1882, p. 6.

[47] «o *darwinismo* explica a origem natural do homem», António de Meireles Garrido, *Theses de philosophia natural que (...) se propõe defender na Universidade de Coimbra no dia 8 de Junho de 1878 para obter o grau de doutor*, Coimbra, Imprensa da Universidade, 1878, p. 15. Sublinhado do Autor.

[48] «Consideramos o *Pithecanthropus erectus* de Dubois como o precursor do homem», Álvaro José da Silva Basto, *Theses de philosophia natural que (...) se propõe defender na Universidade de Coimbra, nos dias 9 e 10 de Julho de 1897, para obter o grau de doutor*, Coimbra, Imprensa da Universidade, 1897, p. 17. Sublinhado do Autor.

[49] Vide: Oliveira Martins, *Elementos de antropologia: (Historia natural do homem)*, Lisboa, Livraria Bertrand, 1880.

Matos[50], uma das obras em que o autor se afirma como um dos representantes mais completos e genuínos do darwinismo em Portugal.

A cultura portuguesa não podia passar ao lado de «uma teoria tão poderosa como a de Darwin»[51], mas foi, sobretudo, enquanto teoria antropo-histórica e social que ela se reflectiu entre nós. As duas últimas partes da nossa dissertação destinam-se, precisamente, a provar este enunciado.

Tem algum significado o facto da obra darwiniana de 1871 ter sido traduzida antes da obra capital de 1859. A tradução da primeira foi publicada em 1910[52] e a da segunda em 1913[53]. Tardiamente, sem dúvida, mas não esqueçamos o «francesismo»[54] português da época que dispunha das primeiras traduções francesas das obras de 1859 e de 1871, desde 1862 e de 1872, respectivamente[55]. À volta de 1910, houve um surto de pequenos artigos e notícias de difusão do darwinismo antropo-histórico para o grande público[56].

---

[50] Júlio de Matos, *Historia natural illustrada. Compilação feita sobre os mais auctorisados trabalhos zoologicos*, Porto, Livraria Universal, [1880-1882], 6 vols..

[51] François Jacob, *O jogo dos possíveis. Ensaio sobre a diversidade do mundo vivo*, Lisboa, Gradiva, 1985, p. 49.

[52] Vide: Charles Darwin, *A origem do homem. A selecção natural e a sexual*. Traducção de Oldemiro Cesar [jornalista, tradutor]. Porto, J. Ferreira dos Santos-Editor, 1910, 2 vols.; Idem, *A origem do homem*. Traducção synthetisada de João Corrêa d'Oliveira [escritor e tradutor]. Porto, Magalhães & Moniz-Editores, 1910(?). Nestas duas versões, a segunda parte da obra darwiniana (a selecção sexual) foi completamente omitida. No entanto, em português, o público tinha acesso a longas passagens da segunda parte da obra darwiniana de 1871, num livro de Arruda Furtado, *O macho e a femea no reino animal*, Lisboa, David Corazzi Editor, 1886. A obra de E. Denoy, *Descendemos do macaco?* (Trad. Moraes Rosa. Lisboa, Livraria Internacional, 1910) inclui nas pp. 100-139 uma antologia da obra darwiniana de 1871. Um pequeno «extracto de Charles Darwin – A procedencia do homem» foi publicado na rubrica «Variedades», *O Zoophilo*, Lisboa, 1 (1) 14 Jan. 1877, p. 4.

[53] Vide: Charles Darwin, *Origem das espécies*. Trad. Joaquim Dá Mesquita Paúl, [médico e professor]. Porto, Livraria Chardron, 1913.

[54] Vide: Eça de Queirós, «O 'Francezismo'». In: Eça de Queirós, *Ultimas paginas (Manuscriptos ineditos)*, Porto-Lisboa, Livraria Lello & Irmão Editores-Aillaud & Lellos, s.d., pp. 397-425. No mesmo sentido, vide a dissertação apresentada à Faculdade de Medicina do Porto, por Alberto Ferreira de Lemos, *A França como factor principal da Sciencia*, Porto, Typographia Artes e Lettras, 1913.

[55] Vide: Yvette Conry, *L'introduction du darwinisme en France au XIXe siècle*, Paris, Librairie Philosophique J. Vrin, 1974, p. 438.

[56] Vide, entre outros: «Origem e patria primitiva da humanidade», «Idade e origem dos homens», *Almanach Encyclopedico Illustrado para 1908*, Coordenado pelo professor Agostinho Fortes, Lisboa, 1908, respectivamente, pp. 73-79 e pp. 235-246; «O homem do futuro», *Almanach Illustrado d'O Seculo*, Lisboa, 13, 1909, p. 150; «O correr do cabelo. Curiosidade da raça humana», *Almanach Encyclopedico Illustrado para 1909*. Coordenado pelo Professor Agostinho Fortes, Lisboa, 1909, pp. 167-169; Cacilda de Castro, «O riso», *Illustração Portugueza*, Lisboa, 2ª sér., 195, 15 Nov. 1909, pp. 623-629; «Estudos da fisionomia e do gesto», *Almanach Illustrado d' O Seculo*, Lisboa, 13, 1909, p. 114; Lino de Macedo, «A edade humana», *Vanguarda*, Lisboa, 12 (4516) 6 Ago. 1909, p. 1; Idem, «A edade da terra», *Vanguarda*, Lisboa, 12 (4522) 12 Ago. 1909, p. 1; «Os antepassados do homem», *Almanach Illustrado d' O Seculo*, Lisboa, 14, 1910, pp. 91-95. Anteriormente, merecem especial destaque, pela sua força irónica, os seguintes documentos: Rafael Bordalo Pinheiro, «A teoria de Darwin», *Pontos nos ii*, Lisboa, 2 (63) 17 Jul. 1886, pp. 500-501. Posteriormente, não podemos omitir, entre outras lições darwinistas proferidas no Curso de educação popular da Universidade Livre, a lição de Rui Teles Palhinha, *O homem como ser animal*, Lisboa, Universidade Livre, 1912.

Veja-se, por exemplo, este folheto volante[57]:

No entanto, deve sublinhar-se que as letras portuguesas, com Teófilo Braga, Oliveira Martins, Eça de Queirós e outros, já tinham assimilado, com originalidade, a revolução darwiniana, claramente, desde finais da década de setenta do século XIX, como já provámos noutro lugar.

Julgamos que tem interesse fazer uma ideia do que foi escrito em Portugal, com o objectivo de prestar homenagem ao naturalista inglês, por ocasião da sua morte em 1882, e para celebrar o cinquentenário da *Origem das espécies*, em 1909. Saber quem escreveu e o quê, a esses títulos, é um indicativo muito falível dos representantes de Darwin em Portugal. Mas, permite-nos constatar se, também neste registo, foi a dimensão antropo-histórica e social do darwinismo, aquela que mais ecos produziu na cultura portuguesa.

Darwin morre em 19 de Abril de 1882 e foi enterrado na abadia de Westminster em 26 de Abril de 1882[58]. Praticamente um mês antes da morte do naturalista inglês,

---

[57] *Folheto (Folha) volante na colecção particular do Arquivo da Universidade – Colecção Jardim de Vilhena* - A.U.C.-VI-3º-1-2-27

[58] Vide: Michael T. Ghiselin, «Charles Robert Darwin 1809-1882». In: *Dictionnaire du darwinisme et de l'évolution*, vol. 1, *ob. cit.*, pp. 772-798.

Júlio Augusto Henriques, o eminente botânico que em 1866 se antecipara à obra darwiniana de 1871, publica no Porto um artigo intitulado «Carlos Darwin»[59]. Nele, o fundador da *Sociedade Broteriana* (1879) e do seu *Boletim* (1882) celebra a vida e a obra do sábio inglês. O retrato de Darwin ilustra a primeira página do artigo.

Na sua exposição da teoria darwiniana, Júlio Henriques sublinha uma diferença muito importante entre a selecção natural e a selecção artificial praticada pelo horticultor e pelo criador de raças animais. Se esta é intencional, a primeira não tem em vista algum fim preconcebido, apenas significa a sobrevivência dos membros de uma espécie que, na luta pela vida, apresentam as variações mais vantajosas em função do meio. Foi também Júlio Augusto Henriques quem prestou culto à memória de Darwin em *O Instituto*, tendo, para o efeito, traduzido um notável trabalho do naturalista-botânico francês Alphonse de Candolle[60].

Em homenagem ao sábio inglês, Teófilo Braga, o grande doutrinador da sociologia positiva, publicou[61] uma síntese da teoria darwiniana, do darwinismo antropológico de Ernst Hæckel e do darwinismo social de Herbert Spencer, apoiando-se em Th. Huxley[62] e, curiosamente, não se socorrendo da leitura lamarckisante de Darwin produzida em França, especialmente por Clémence Royer[63]. Nas páginas da revista *O Positivismo*, a notícia da morte de Darwin foi escrita por Júlio de Matos[64], mas quem homenageou Darwin foi Arruda Furtado, igualmente discípulo e correspondente[65] de Teófilo Braga, com um artigo intitulado «Embryologia»[66].

No referido artigo, o jovem naturalista expunha uma das provas capitais da teoria evolucionista, recorrendo, entre outras obras, à edição definitiva da *Origem das espécies*, no original inglês. No entanto, uma parte do artigo é reservada para combater a teologia, a metafísica e a religião, na sequência do que havia feito no ano anterior[67].

---

[59] Júlio Augusto Henriques, «Carlos Darwin», *Jornal de Horticultura Pratica*, Porto, 13 (3) Mar. 1882, pp. 41-44. O mais provável é que o jornal andasse atrasado.

[60] Vide: A. de Candolle, «C. Darwin: Causas do successo de seus trabalhos e importancia d'elles». *O Instituto*, Coimbra, 30 (8) Fev. 1883, pp. 344-364; Júlio Augusto Henriques, «Affonso de Candole», *Boletim da Sociedade Broteriana*, Coimbra, 11, 1893, pp. 3-6.

[61] Vide: Teófilo Braga, «Carlos Darwin», *O Occidente*, Lisboa, 5 (123) 21 Maio 1882, p. 118.

[62] Th. Huxley, *Les sciences naturelles et les problèmes qu'elles font surgir*, Paris, Librairie J. -B. Baillière et Fils, 1877.

[63] Vide: Charles Darwin, *De l'origine des espèces par sélection naturelle ou des lois de transformation des êtres organisés*. Traduction de Mme Clémence Royer avec préface et notes du traducteur. Nouvelle édition revue d'après l'édition stéréotype anglaise, avec les additions de l'auteur. Paris, Librairie Marpon & Flammarion, s. d., 4ª édição [1882].

[64] Vide: Júlio de Matos, «Carlos Darwin», *O Positivismo*, Porto, 4, 1882, p. 180.

[65] Vide: Francisco de Arruda Furtado, [4 Cartas para Teófilo Braga datadas de 13 de Novembro de 1882; 29 de Dezembro de 1882; 3 de Maio de 1883; 11 de Dezembro de 1883]. In: Teófilo Braga, *Quarenta annos de vida litteraria (1860-1900)*, Lisboa, Typographia Lusitana - Editora Arthur Brandão, 1902, pp. 162-172.

[66] Vide: Francisco de Arruda Furtado, «Embryologia», *O Positivismo*, Porto, 4, 1882, pp. 121-163.

[67] Vide: Francisco de Arruda Furtado, *O homem e o macaco (uma questão puramente local)*, Ponta Delgada, s. ed., 1881; Joaquim dos Reis, «[Recensão crítica de] Furtado, Francisco d'Arruda - O homem e o macaco. Ponta Delgada, 1881», *Era Nova*, Lisboa, 1, 1880-1881, pp. 476-479.

Foi também Arruda Furtado quem, em 1882, divulgou a vida e a obra de Darwin, nas colunas dos jornais *O Século*[68] e *A voz do operario*[69]. Assumindo-se como um «humilde discípulo»[70] do sábio naturalista, Arruda Furtado apresenta Darwin como o «Newton da biologia», mas também como o criador de uma filosofia redentora da humanidade, fundada na suposta verdadeira esperança, a esperança científica: «Cristo propôs-se regenerar um ente miserável, decaído do seu primitivo explendor por causa dos seus pecados; Darwin estimula a humanidade na senda dum progresso incessante e partindo, ao contrário, duma origem obscura e bestial. A diferença é profunda»[71]. Que a teoria da descendência com modificações pode consolar o homem, disse-o Darwin com estas palavras: «Man may be excused for feeling some pride at having risen, though not through his own exertions, to the very summit of the organic scale; and the fact of his having thus risen, instead of having been aboriginally placed there, may give him hope for a still higher destiny in the distant future»[72]. No entanto, o naturalista inglês nunca ousou contrapor o darwinismo ao cristianismo, como fez Arruda Furtado.

Igualmente correspondente de Teófilo Braga[73] e colaborador em *O Positivismo*, Augusto Rocha publicou, em 1882, nas páginas da revista que dirigia, *Coimbra Médica*, um rigoroso artigo[74] que dá conta dos traços essenciais da vida do sábio inglês, apresenta uma súmula cronológica da sua obra e resume de forma brilhante a teoria da selecção natural. Sem qualquer reserva, afirma que o darwinismo, «sendo já a doutrina dominante»[75], alcançará o triunfo universal nos domínios das ciências da vida e das ciências do homem, desde a antropologia e a psicologia à sociologia, pela mãos dos numerosos discípulos espalhados por todo o mundo.

A Sociedade de Geografia de Lisboa, por iniciativa de J.V. Barbosa du Bocage, limitou-se a lançar em acta um voto unânime de sentimento pela morte de Darwin e de reconhecimento do valor científico da sua obra científica[76]. Barbosa du Bocage, o fundador do Museu de História Natural da Escola Politécnica de Lisboa em 1859, embora tenha desenvolvido uma obra fundamental no domínio da zoologia descritiva

---

[68] Vide: Francisco de Arruda Furtado, «Carlos Darwin», *O Seculo*, Lisboa, 2 (433) 9 Jun. 1882, pp. 1-2; 2 (434) 10 Jun. 1882, p. 1; 2 (435) 11 Jun. 1882, p. 1.

[69] Vide: Francisco de Arruda Furtado, «Á memoria de Charles Darwin», *A Voz do Operário*, Lisboa, 6 (140) 18 Jun. 1882, pp. 3-4.

[70] Francisco de Arruda Furtado, «Á memoria de Charles Darwin», *art. cit.*, p. 4.

[71] Francisco de Arruda Furtado, «Carlos Darwin», *art. cit.* 2(433) 9 Jun. 1882, p. 1.

[72] Charles Darwin, *The descent of man, and selection in relation to sex*, London, John Murray, 1875, p. 619.

[73] Vide: Augusto Rocha, [Cartas para Teófilo Braga: 30 Mar. 1879; 1 Jul. 1879].In: Teófilo Braga, *Quarenta annos de vida litteraria (1860-1900)*, Lisboa, Typographia Lusitana - Editora Arthur Brandão, 1902, pp. 150-151.

[74] Vide: Augusto Rocha, «Carlos Roberto Darwin», *Coimbra Medica*, Coimbra, 2 (10) 15 Maio 1882, pp. 161-164.

[75] Idem, *ibidem*, p. 164.

[76] Vide: «[Acta da sessão de 15 de Maio de 1882 durante a qual foi referida a morte de Darwin]», *Actas das Sessões da Sociedade de Geografia de Lisboa*, Lisboa, 2, 1882, pp. 31-50.

e sistemática e da geografia zoológica[77] não foi um representante da teoria darwiniana em Portugal[78].

Posteriormente, em Agosto de 1882, a revista semanal ilustrada *Ciencia para todos* publicava a seguinte notícia: «A cidade de Londres vai erigir uma estátua à memória do naturalista Darwin, glória da Inglaterra e um dos sábios mais distintos do nosso tempo. A estátua será de mármore e colocar-se-á na maior sala do museu britânico»[79]. No ano seguinte, lia-se na revista científica e literária *O Instituto*: «Está já formada em Londres uma comissão para elevar uma estátua a Darwin e para criar um fundo destinado a promover o desenvolvimento das ciências biológicas. São membros desta comissão os arcebispos de Canterbury e de York, o bispo de Exeter, o deão de Westminster, de S. Paulo e de Christchurch, os duques de Argyll, Devonshire e Northumberland, o marquez de Salisburg, os condes de Derby, Ducis, Granville, Spencer, muitos pares de Inglaterra, muitos membros da Câmara dos Comuns, os chefes das universidades principais dos três reinos, e umas quarenta pessoas notáveis nas ciências físicas ou naturais. Os embaixadores de Alemanha, França e Itália, assim como os ministros da Suécia e América fazem parte desta comissão, o que dá à subscrição um carácter internacional»[80].

O ano do quinquagésimo aniversário da publicação da obra darwiniana, *Origem das espécies* (1859-1909) coincidiu com o ano do centenário do nascimento de Darwin (1809-1909) e ainda do centenário da publicação da obra capital de Lamarck, a *Filosofia zoológica* (1809-1909). Esta tripla coincidência era uma excelente ocasião para se repensar a história do evolucionismo natural e o seu valor na cultura científica e humanística. Nas comemorações realizadas na Universidade de Cambridge em 22-23-24 de Junho, muitas Universidades e sociedades científicas de todo o mundo fizeram-se representar, desde a América ao Japão, da Índia à Austrália, passando pela Europa. Portugal teve como representantes, Egas F. Pinto Basto pela Universidade de Coimbra, em substituição de Júlio Augusto Henriques, delegado nomeado pela Universidade; Aarão Ferreira de Lacerda, pela Academia Politécnica do Porto e o médico Francisco Silva Teles pela Sociedade de Geografia de Lisboa e pelo Curso Superior de Letras[81].

Francisco Silva Teles, o futuro defensor da racionalidade darwiniana na geografia[82] resumiu a dupla celebração de Darwin em Cambridge, na sessão de 20 de Janeiro

---

[77] Vide: Carlos França, «Le Professeur Barbosa du Bocage. 1823-1907. Éloge historique prononcé à la séance solennelle du 2 Mai 1908», *Bulletin de la Société Portuguaise des Sciences Naturelles*, Lisbonne, 2 (1-2) Nov. 1908, pp. 141-194.

[78] Vide: Germano da Fonseca Sacarrão, «O darwinismo em Portugal», *Prelo*, Lisboa, (7), Abr.-Jun. 1985, pp. 13-15.

[79] «À memoria de Darwin», *Sciencia para Todos*, Lisboa, 1 (30) 5 Ago. 1882, p. 238.

[80] A. de Candolle, «C. Darwin: Causas do successo de seus trabalhos e importancia d'elles», *O Instituto*, Coimbra, 30 (8) Fev. 1883, p. 360, nota C.

[81] Vide: Júlio Augusto Henriques, «Celebração do centenario do nascimento de Charles Darwin», *Boletim da Sociedade Broteriana*, Coimbra, 24, 1908-1909, pp. 245-246; Idem, «Carlos Darwin 1809-1909», *Boletim da Sociedade Broteriana*, Coimbra, 24, 1908-1909, pp. 5-6.

[82] Vide: Francisco Silva Teles, «O conceito scientifico da geografia», *Revista da Universidade de Coimbra*, Coimbra, 4, 1915, pp. 109-136.

de 1910 da *Sociedade portuguesa de ciências naturais*[83], constituída largamente por médicos[84]. Por seu turno, Aarão Ferreira de Lacerda, doutor pela Faculdade de Filosofia da Universidade e médico pela Escola Médico-Cirúrgica do Porto, relatou minuciosamente os eventos comemorativos realizados pela Universidade de Cambridge[85], dando especial relevo aos discursos científicos e ao lançamento da publicação por Francis Darwin do esboço da doutrina darwiniana, escrito em 1842[86]. No breve historial da teoria da evolução que completa o seu artigo, Aarão Ferreira de Lacerda valorizou Lamarck enquanto precursor de Darwin e sublinhou que a inauguração do monumento a Lamarck no Museu de História Natural de Paris, em 13 de Junho de 1909, simbolizava a justa consagração da memória do naturalista francês. No entanto, defendeu que a mudança de paradigma da história natural foi operada pela *Origem das espécies* (1859) e não pela *Filosofia zoológica* (1809), de Lamarck.

Curiosamente, quem nesse ano memorável de 1909 trouxe a figura e a obra de Lamarck para primeiro plano na história do evolucionismo natural foi Raúl Proença, nas colunas do jornal *A Republica*[87]. Neste sentido, após a exposição da filosofia lamarckiana da natureza, concluiu: «Foi só com Darwin que a teoria da evolução venceu o fixismo e se impôs a todo o mundo, mas o pai da doutrina, o génio formidável que a concebeu — foi o grande biologista francês»[88]. O «insucesso» de Lamarck é justificado por três razões fundamentais: o criacionismo dominante, sustentado pelos maiores naturalistas; a influência da grande autoridade de Cuvier, defensor do fixismo das espécies, e a insuficiente base de dados factuais e experimentais, disponíveis no princípio do século XIX. Cinquenta anos mais tarde, com Darwin, já não era possível impedir a falência do modelo criacionista na história natural.

No entanto, para Raúl Proença, o pioneiro genial fora Lamarck, razão pela qual não concorda que, com o triunfo de Darwin, o evolucionismo passasse a denominar--se «*Darwinismo* duma maneira tão injusta como falsa»[89]. E o combativo jornalista acrescentava: «Deram ao mundo novo descoberto por Lamarck o nome dum ousado explorador que não o descobriu. (...) É preciso colocar a obra de Lamarck no seu

---

[83] Vide: «Centenario de Darwin», *Medicina Contemporanea*, Lisboa, sér. II, 13(5) 30 Jan. 1910, p. 37.

[84] Vide: Joaquim da Silva Tavares, «A Sociedade Portugueza de Sciencias Naturais», *Broteria*, Lisboa, 6 - 3ª parte (sér., Vulgarização Scientifica), 1907, pp. 127-134.

[85] Vide: Aarão Ferreira de Lacerda, «A commemoração darwineana celebrada pela Universidade de Cambridge», *Annais Scientificos da Academia Polytechnica do Porto*, Porto, 5 (3), 1910; P.L., «Literatura medica. Aarão de Lacerda, A commemoração darwineana celebrada pela Universidade de Cambridge (22--24 de Junho de 1909), *Gazeta dos Hospitais do Porto*, Porto, 4 (18) 15 Set. 1910, pp. 280-281.

[86] Vide: Charles Darwin, *The foundations of the origin of species, a sketch written in 1842. ob. cit..* A Universidade de Cambridge publicou uma obra fundamental: A. C. Seward (ed.), *Darwin and modern science. Essays in commemoration of the centenary of the birth of Charles Darwin and of the fiftieth anniversary of the publication of The origin of species.* Edited, for the Cambridge Philosophical Society and the syndics of the University Press, by A. C. Seward. Cambridge, At The University Press, 1909.

[87] Raúl Proença, «Os grandes typos humanos. V-Lamarck», *A Republica*, Lisboa, 2 (353) 21 Mai. 1909, pp. 1-2; 2 (354) 22 Mai. 1909, pp. 1-2.

[88] Idem, *ibidem*, 2 (353) 21 Mai. 1909, p. 2.

[89] Idem, *ibidem*. Sublinhado do Autor.

verdadeiro lugar»[90]. O contributo de Darwin para a teoria da evolução era situado, apenas, ao nível do factual, do empírico, e era válido porque demonstrava o mecanismo evolucionário lamarckiano. Na óptica de Raúl Proença, foi Lamarck quem construiu «toda a teoria da evolução: formação de caracteres novos pela influência do *hábito*, em relação íntima com o *meio*; transmissão desses caracteres adquiridos pelo mecanismo da *hereditariedade*: evolução individual, evolução das espécies»[91]. Igualmente, «a teoria de que o homem descende do macaco, cuja prioridade se atribui a Darwin, pertence-lhe»[92]. Por fim, a teoria lamarckiana da evolução naturaliza o homem sem o desumanizar, pela fundamentação científica da «apologia mais fervorosa do *esforço*»[93]. Pelo contrário, na teoria de Darwin, o esforço, a vontade e o querer do homem pouco ou nada valem face à selecção natural, e esta não dá garantias de progresso ético e social. Assim, Darwin deve ser lido lamarckianamente, isto é, no quadro da ideia teleológica de evolução enquanto progresso[94], a única que torna possível e previsível a realização da virtude, da justiça e da solidariedade social. Inteligentemente, Raúl Proença compreendeu que a teoria evolucionária de Darwin não podia caucionar a defesa do progresso em direcção aos valores socio-políticos referidos.

Por seu turno, também, Miguel Bombarda revelou-se crítico da substância essencial da teoria darwiniana, isto é, da selecção natural. Na sessão de 19 de Fevereiro de 1909, da Academia das Ciências de Lisboa[95], valorizou a obra revolucionária de Darwin nas ciências naturais e humanas, mas fez notar que «a noção da transformação das espécies penetrou rapidamente todos os espíritos mercê de um erro — a selecção natural, que hoje se demonstrou não ser tanto quanto Darwin supunha a alavanca do transformismo»[96]. A notícia desta intervenção de Miguel Bombarda foi publicada em *A Medicina Contemporanea* e aí reafirma-se que a teoria da evolução penetrou toda a cultura científica e humanística através de uma «alavanca falsa»: a selecção natural. O valor da revolução darwiniana era inquestionável, mas «as ideias lamarckianas dominam a ciência em toda a doutrina do transformismo»[97]. Na conferência que realizou na Academia de Estudos Livres, em Julho de 1909[98], Miguel Bombarda volta a sublinhar que a selecção natural não é a resposta científica ao problema do mecanismo

---

[90] Idem, *ibidem.*

[91] Idem, *ibidem*. Sublinhado do Autor.

[92] Idem, *ibidem.*

[93] Idem, *ibidem*. Sublinhado do Autor.

[94] Vide: Raúl Proença, «Factos-A proposito do centenario de Darwin. O principio de Malthus-contradições d'um sabio do paiz da democracia real», *A Republica*, Lisboa, 2(362) 1 Jun. 1909, p. 1.

[95] Miguel Bombarda, «[Intervenção na sessão de 19 de Fevereiro de 1909 da Academia das Sciencias de Lisboa a propósito do centenário de Darwin]», *Actas das Sessões da Primeira Classe. Academia das Sciencias de Lisboa*, Lisboa, 2, 1905-1910, pp. 118-119.

[96] Idem, *ibidem*, p. 118.

[97] «Academia Real das Sciencias. Sessão de 19 de Fevereiro de 1909», *A Medicina Contemporanea*, Lisboa, sér. II, 12 (9) 28 de Fev. 1909, p. 71.

[98] «Na Academia de Estudos Livres. Na próxima segunda-feira, pelas 9 horas da noite, realiza o sr. Dr. Miguel Bombarda uma conferencia comemorativa do centenário de Darwin», *O Mundo*, Lisboa, 9 (3111) 2 Jul. 1909, p. 2.

evolucionário dos organismos vivos[99]. Por isso, persistiam divergências intra-científicas quanto ao modo como se processa a evolução orgânica, mas o fundamental é que elas não retiravam solidez à filosofia científica do universo: o monismo materialista-evolucionista, sistematizado pelo expoente do darwinismo alemão, Ernst Hæckel[100]. Inevitavelmente, dado o perfil psicológico e político de Miguel Bombarda, a sua homenagem ao sábio naturalista inglês converteu-se numa acção de combate anti-clerical e anti-teológico. O nome de Darwin seria também usado com idênticos objectivos político-culturais por livre pensadores operários, como o socialista Guedes Quinhones[101].

Resumindo: em 1882, exceptuando o artigo de Júlio Augusto Henriques, todos os restantes, mesmo o de Arruda Furtado, acentuam a projecção de Darwin na cultura humanística, partindo da leitura biológica do ser histórico e social do homem feita pelo naturalista inglês. Em 1909, reflecte-se vivamente, entre nós, a competição entre a Inglaterra e a França pela paternidade da «revolução copernicana» nas ciências da vida e do homem.

Sem dúvida, Júlio Augusto Henriques formou sucessivas gerações que continuaram a defender o darwinismo na botânica, na zoologia e na antropologia. Não podia ser de outro modo, atendendo à própria história do paradigma darwinista (com ou sem Lamarck) na história natural desde 1859 até hoje.

Por outro lado, também em Portugal a teoria biológica da evolução foi invocada, usada e abusada enquanto arma científica na luta político-cultural, sobretudo desde os anos oitenta do século XIX até aos anos 20 do século XX, *grosso modo*.

---

[99] Vide, também, «Conferencia do sr. dr. Miguel Bombarda», *O Mundo*, Lisboa, 9 (3115) 6 Jul. 1909, p. 3.

[100] Vide: «No centenario de Darwin. Brilhante conferencia do sr. Dr. Miguel Bombarda», *A Vanguarda*, Lisboa, 12 (19) 6 Jul. 1909, p. 1.

[101] Vide: «Conferencia», *A Voz do Operario*, Lisboa, 30 (1559) Set. 1909, p. 1; Guedes Quinhones, «Darwin», *A Voz do Operario*, Lisboa, 30 (1559) Set. 1909, p. 1.

Heloisa Maria Bertol Domingues

Museu de Astronomia e Ciências Afins/Ministério da Ciência e da Tecnologia - MAST-MCT - Rio de Janeiro

UMA EVOLUÇÃO NÃO-DARWINISTA, NO BRASIL

É comum a associação entre darwinismo e evolucionismo, a tal ponto que chega-se a confundir a teoria de Darwin com a idéia de evolução, e grandes opositores da teoria darwiniana têm sido chamados de darwinistas. A teoria de Darwin teve repercussões ideológicas amplas, pois colocava em jogo a idéia de *criação*, o que foi chocante na maioria dos países de tradição católica, como eram praticamente os países ibero-americanos, embora no Brasil sua recepção pareça ter sido menos problemática[1]. A difusão não dependia do mero consenso dos especialistas, e já no final do século XIX se deslocou para o social, em que obteve aceitação, principalmente via Spencer. Entretanto, as vozes contrárias também se manifestaram. Mesmo nos meios da Biologia o evolucionismo que se admitia, embora, muitas vezes, pudesse ter sido confundido com darwinismo, em geral não o era[2].

Na introdução do livro *The comparative reception of Darwinism* Thomas Glick comentou que o próprio Darwin observara que a recepção às suas idéias havia sido diferente segundo as nacionalidades[3]. No Brasil, a teoria da evolução confundiu-se com darwinismo, porém, nem sempre o que se dizia ser derivado de Darwin o era necessariamente e aconteceu que alguns opositores a ele permaneceram na memória coletiva como darwinistas. Resistências e partidarismos à teoria revolucionária conviveram, no país, no final do século XIX.

Frequentemente, a difusão da teoria de Darwin se deu através da obra de outros cientistas. Na América espanhola e portuguesa, conforme observaram Rosaura Ruiz e Francisco Ayala, é importante considerar Ernst Haeckel, Herbert Spencer e Francis Galton. O primeiro foi o mais importante dos difusores do darwinismo no século XIX e os outros dois tiveram um papel fundamental na extensão das idéias de Darwin para âmbitos que este jamais pensou quando elaborou sua teoria, tais como o da evolução

---

[1] GLICK, Thomas, Introdução. DOMINGUES, Heloisa M. B., ROMERO SÁ, Magali e GLICK, T. (Org.), A recepção do Darwinismo no Brasil, Rio, Editora FIOCRUZ, 2003; PRUNA, P. M. E GONZALES, Armando G., *Darwinismo y Sociedad em Cuba – Siglo XIX* – Madrid, CSIC, 1989, Introdução; GLICK, T. and KOHN, David, *Charles Darwin - On evolution*, Indianápolis, Hackett Publishing Company, 1984.

[2] PRUNA et alli, idem.

[3] GLICK, Thomas (Ed.), *The comparative reception of Darwinism*. Chicago, The University of Chicago Press, 1988; First ed. 1976.

social humana e o do melhoramento da espécie humana[4]. No Brasil, além do próprio Darwin, os dois primeiros tiveram papel relevante, porém, a Galton não se encontram referências no século XIX, como se encontram em outros países. Por exemplo, na Argentina, as teorias de Galton jogaram forte papel e a eugenia se organizou no país desde a década de 70 do século XIX[5]. Na antropologia brasileira, no seu início, as teorias dos opositores a Darwin, como a de Quatrefages de Bréau (tido como o 'pai' da teoria da superioridade do homem branco) e a de seu antecessor Paul Broca, foram de muito maior importância, como se verá.

Na Europa, a recepção da teoria não foi diferente. Ali também se defrontaram as resistências e os partidarismos, como no caso da Alemanha. Para William Montgomery, na Alemanha, a teoria de Darwin teve implicações sociais, principalmente no tocante à religião, tendo aderido a ela os intelectuais mais jovens, livre-pensadores e materialistas. Entre estes, o autor enumerou Fritz Müller que vivia no Brasil[6]. Na França, até 1880, os biólogos desconheciam a palavra darwinismo. Eram apenas transformistas, sublinhou Robert Stebins[7]. No país de Lamarck, Darwin foi somente mais um fator do evolucionismo[8]. Em Portugal, conforme sublinhou Ana Leonor Pereira, não foi negligenciável a difusão do darwinismo, nos meios intelectuais, para além da biologia, como na filosofia, na história ou na engenharia social, porém, a tradição impôs uma interpretação da teoria que, conforme observado, mais se aproximou do anti--darwinismo[9]. Levando em conta a visão mais radical de Patrick Tort, as teorias que foram consideradas derivadas de Darwin, mesmo as idéias de Haeckel, não podem ser vistas como darwinistas[10].

O surgimento do darwinismo no Brasil

O Brasil foi palco privilegiado da construção da teoria da seleção natural das espécies, mas serviu também à afirmação de seus opositores. Entre os primeiros darwinistas, como Fritz Müller[11], e os grandes opositores, como Louis Agassiz[12], surgiram trabalhos

---

[4] RUIZ, Rosaura y AYALA, Francisco J., El núcleo duro del darwinismo, GLICK, T. RUIZ, R. y PUIG-SAMPER, M.A., (Editores), El darwinismo em Espana e Iberoamérica, Madrid, Dolce Calles, México, UNAM, 1999, p. 299-322.

[5] MIRANDA, Marisa y VALLEJO, Gustavo (Editores), Darwinismo social y eugenesia en el mundo latino. Buenos Aires, Ed. Siglo XXI de Argentina, 2005.

[6] MONTGOMERY, William M., Germany, in GLICK, 1976, op. cit., p. 81-116.

[7] STEBINS, Robert E., France, in GLICK, 1976.

[8] Idem.

[9] PEREIRA, Ana Leonor, Darwin em Portugal, Filosofia, História, Engenharia Social (1865-1914), Coimbra, Livraria Almedina, 2001.

[10] TORT, Patrick, (Org.), Darwinisme et Societé. Paris, Presse Universitaires de France, 1992.

[11] WEST, David, Fritz Muller, A Naturalist in Brazil. Blacksburg, Virginia, EUA, Pocahontas Press, 2003.

[12] GALVÃO, Gastão, As palestras de Louis Agassiz no Colégio Pedro II, na volta da Amazônia. III Colóquio Internacional sobre Darwinismo na Europa e Américas, Manaus, Amazonas, Setembro de 2004.

de alguns brasileiros em que afloraram as divergências em relação à teoria da seleção natural das espécies[13].

O Brasil era um país alvo de viagens naturalistas, aliás, como é sabido, estas foram o meio pelo qual se desenvolveram as ciências naturais. Foi também em tais viagens que se concretizou a teoria da seleção das espécies bem como afirmaram-se os seus opositores. Da viagem do *Beagle* e do diálogo entre Bates e Wallace, que durante anos permaneceram na Amazônia colhendo espécies e estudando a singularidade do meio ambiente, surgiu a conhecida teoria darwinista[14]. Wallace chamou a atenção pela primeira vez para a biodiversidade e abriu um debate polêmico com Darwin sobre a prioridade da teoria, o que é bastante conhecido[15].

Darwin, passou quatro meses no Brasil, em 1832, durante a sua viagem à América do Sul, tendo pela primeira vez entrado em contato com a floresta tropical. Numa passagem do seu diário escreveu: «Brasil, 29 de fevereiro: – O dia passou deliciosamente. Mas «delícia» é termo insuficiente para exprimir as emoções sentidas por um naturalista que, pela primeira vez, se viu a sós com a natureza no seio de uma floresta brasileira.« Quando da sua passagem pelo Rio de Janeiro, Darwin visitou o Jardim Botânico onde observou que: «cresciam plantas muito conhecidas pela grande utilidade de suas propriedades»[16]. Não fez, no entanto, nenhuma referência aos naturalistas brasileiros.

O Brasil não foi somente o palco da elaboração da teoria da evolução por seleção natural. Ao contrário, foi nele que nasceu imediatamente um suporte à ela. Foi no Brasil que surgiu, no século XIX, uma das mais importantes interpretações da teoria na área da biologia, através dos trabalhos do naturalista, imigrante alemão, Fritz Müller. Müller, em 1864, ficou conhecido no meio científico internacional pela publicação de um pequeno livro intitulado Für Darwin, no qual demonstrou aquela teoria, através de estudos embriológicos em crustáceos[17]. A repercussão deste livro nos círculos científicos alemães e ingleses foi imediata, sendo que a sua tradução para o inglês foi sugerida pelo próprio Darwin, e apareceu em 1869. Müller tornou-se amigo e colaborador de Darwin, com quem trocou correspondência, abordando seus estudos sobre diferentes grupos de animais e vegetais e enviando-lhe material para estudo[18]. Entre 1876 e 1891, trabalhou como viajante naturalista do Museu Nacional em cuja revista, os Archivos do Museu Nacional, publicou 17, dos seus 248 artigos sobre insetos, crustáceos e fertilização das plantas, todos relacionados à teoria darwinista[19]. Além de muito poucos, observou David West, seus artigos eram publicados no Brasil

---

[13] Ver DOMINGUES, Heloisa M. Bertol e ROMERO SÁ, Magali, The introduction of darwinism in Brazil, Org. GLICK, T., PUIG-SAMPER, M. A., RUIZ, R. *The reception of Darwinism in Iberian World*, Dordrecht, Kluwer Academic Press, 2001, p. 65-81.

[14] FERREIRA, R. – Bates, Darwin, Wallace e a Teoria da Evolução. São Paulo, EDUSP, 1990.

[15] Idem.

[16] DARWIN, C. – *Viagem de um naturalista ao redor do mundo*. Trad. J. Carvalho. Rio de Janeiro, Sociedade Editora e Gráfica Ltda., p. 51-52.

[17] MÜLLER, Fritz, *Für Darwin*, Leipzig, Verlag von Williem Engelmann, 1864.

[18] MÜLLER, F., Notes on some of the Climbing Plants near Desterro, in South America, in a letter to C.Darwin. *The Journal of the Linnean Society*, , Botany, vol. IX (1865) 344-349.

[19] Archivos do Museu Nacional, vols. II, 1877 (5 artigos); Vol. III, 1878 (4 artigos); Vol. IV, 1879 (5 artigos); Vol. VIII, 1892 (3 artigos).

dez anos depois de terem sido publicados na Europa[20]. Um silêncio tão longo pode ser tomado como evidência das restrições que se fazia ao seu trabalho. Cientista de renome internacional, em 1891, Fritz Muller foi demitido do cargo de viajante-naturalista do Museu Nacional, passando a viver de uma ajuda mensal concedida pela prefeitura de Blumenau, em Santa Catarina, onde residia.

Ainda, do ponto de vista das relações sociais das ciências, o darwinismo no Brasil pode ser considerado um país sui generis. Embora o senso comum das ciências tenha popularizado a palavra «darwinismo» para designar diferenças culturais e raciais, quando as estudamos no Brasil percebe-se que não é na teoria de Darwin que se encontram as razões teóricas que justificam estas diferenças, mas, precisamente, nas teorias dos seus opositores. De um lado encontrava-se a discreta, mas forte presença de Fritz Müller (que estava incluído na rede dos teóricos da seleção das espécies), de outro, havia uma prática arraigada das ciências naturais que privilegiava a arqueologia e o método antropológico craniométrico, cujos representantes, também incluídos na rede internacional, enfatizavam sua oposição a Darwin. Por outro, ainda é preciso considerar os trabalhos de naturalistas opositores a Darwin, como o foi Louis Agassiz, que esteve no Brasil na década de 60 do século XIX[21]. Sua viagem ao Brasil teve a finalidade de colher elementos, no mesmo local que servira à construção da teoria da seleção natural das espécies, para destruí-la[22]. É sabido que o naturalista suíço foi ferrenho opositor de Darwin, chegando a criar um museu, nos Estados Unidos, onde se radicou, para provar que os princípios darwinianos estavam errados. Agassiz, no Brasil, teve apoio incondicional do Imperador Pedro II e de diversos naturalistas.

O imperador Pedro II, em carta a Quatrefages de Bréau, um dos muitos cientistas com quem se correspondia e com quem manteve correspondência sistemática, que durou dos anos 1870 até 1891 quando faleceu, dizia: – «Acabo de ler a coleção de cartas do meu amigo Agassiz, publicadas pela viúva. Que teoria ousada! Conversamos muito sobre isto nas duas vezes em que ele esteve no Rio.» (na ida e na volta da viagem à Amazônia)[23] Pedro II foi um grande incentivador das ciências naturais e um dos únicos governantes, não cientista, eleito membro estrangeiro da Academia de Ciências de Paris, pelas relações que mantinha com os cientistas [24]. Entre os extremos

---

[20] WEST, op. cit.

[21] AGASSIZ, Louis, *Viagem ao Brasil – 1865-1866*. São Paulo, Companhia Editora Nacional, 1938.

[22] GALVÃO, G., op. cit.; ROBERTS, Jon, Louis Agassiz on Polygenism, transmutation and Scientific methodology: a reassessment, III Colóquio Internacional sobre Darwinismo, Manaus, Amazonas, Setembro de 2004.

[23] Carta de Pedro II a Quatrefages: 06 de fevereiro de 1886 (Arquivo da Academia de Ciências de Paris).

[24] *Pedro II era filho do primeiro imperador do Brasil, D. Pedro I ou D. Pedro IV, de acordo com a linhagem portuguêsa. Quanto à eleição para a Academia de Ciências de Paris, lê-se nos Comptes Rendus (1875, p. 540-541): «Séance du Lundi, 4 mars, 1875; President Frémy; L'Académie procède, par la voie du scrutin à la nomination d'un correspondant pour la section de Géographie et Navigation, en remplacement de feu l'amiral de Wranglell. Au premier tour de scrutin, le nombre de votants étant 57; S. M. don Pedro, empereur du Brésil, obtient 43 souffrages; M. le Géneral Sabine 7souffrages; et M. Cialdi 2 souffrage. Il y a cinq billets blancs. S. M. D. Pedro, ayant réuni la majorité absolue de souffrages, est proclamé correspondant de l'Académie.»*

de refutação e aceitação, interveio a figura política do Imperador, que se não a refutava também não a aceitava, mesmo assim a teoria de Darwin tornou-se um referencial para o campo das ciências naturais, no Brasil.

A oposição a Darwin na rede internacional das ciências

O imperador Pedro II atuou como uma espécie de relações públicas das ciências brasileiras no meio internacional. Relativamente à teoria de Darwin, não se pode dizer que tenha sido um defensor, antes pelo contrário. Nas últimas décadas do século XIX ele facilitou a divulgação da produção científica brasileira e dos seus cientistas no exterior. Na Academia de Ciências de Paris foram publicados centenas de trabalhos e outros discutidos, a maioria enviada por seu intermédio (CITAR). Tanto que ele foi eleito membro estrangeiro da Academia sem ser cientista. Manteve correspondência com diversos cientistas, principalmente da França, mas também da Alemanha. Para estes dois países enviou material arqueológico para análise de Quatrefages e Virchow, respectivamente, dois declarados adversários da teoria da seleção natural das espécies.

Numa de suas cartas a Quatrefages, o Imperador, ao comentar que no Museu Nacional os cientistas trabalhavam diversas questões sobre a natureza brasileira, afirmava que a doutrina evolutiva, embora se apoiasse em muitos fatos, era decepcionante[25].. Em outra carta, Pedro II disse a Quatrefages que gostaria de conhecer a opinião dele sobre os macacos antropomorfóides, pois, nada o repugnava mais do que ter que admitir a hipótese desta evolução para a espécie humana.[26] Ou seja, o Imperador deixava transparecer nesta correspondência que era mais concorde às teses anti-darwinistas de Quatrefages do que simpático ao darwinismo.Com respeito à temática evolucionista a questão da descendência do homem, do macaco, sem dúvida, foi motivo de grande celeuma. A imprensa seguidamente publicava matérias discutindo a hipótese ou divulgando charges irônicas sobre a questão. Pouco antes da sua morte, na França, em 1891, Pedro II reafirmava suas convicções contra o «tal evolucionismo»: «Eu continuo a crer que o primeiro homem não foi nem descendente do macaco, nem tampouco negro. ... vale mais a ignorância cega do que a ilusão da ciência», dizia em outra de suas cartas a Quatrefages[27].

A *Revista Brasileira*, publicada no Rio de Janeiro, levou a público um debate sobre a ascendência do macaco ao homem, travado entre Herrmann von Ihering, então diretor do Museu Paulista, e o zoólogo Carlos Euler, em torno do estudo de Dubois sobre o *Pithecanthropus*. Carlos Euler, um adepto de Haeckel, afirmava que era impossível negar que as descobertas de Java diminuíram a distância entre o homem e o

---

(Archives de l'Académie de Sciences de Paris). Por outro lado,k é conhecido o fato de ter Pedro II financiado diversos trabalhos científicos da Europa, dentre os mais conhecidos encontra-se o financiamento a Pasteur.

[25] Carta de Pedro II a Quatregages; 14 dezembro 1878 (Arquivo da Academia de Ciências de Paris).

[26] Carta de Pedro II a Quatrefages: 06 de fevereiro de 1886 (Arquivo da Academia de Ciências de Paris).

[27] Carta de Pedro II a Quatrefages, escrita de Cannes em 17 de abril de 1891 (Arquivo da Academia de Ciências de Paris).

macaco. Ao contrário, para Ihering, um ex-aluno de Virchow e partidário do método craniométrico, não havia ainda uma conclusão sobre o fóssil do *Pithecanthropus*, visto que os mais competentes naturalistas não haviam chegado a um consenso e, para ele, aquele fóssil era pequeno demais para ser de um homem, e grande demais para ser de um antropóide[28].

Tempos antes, a mesma questão, da descendência humana do macaco, tinha sido objeto de debate no *Jornal do Comércio* do Rio de Janeiro. Em artigo, sem assinatura, intitulado *A teoria darwinista*, foram apresentadas as experiências de Robinson, na Inglaterra, que ao comparar o instinto do macaco e do bebê, de agarrar-se a mãe, concluíra que ambos eram semelhantes, o que provava a descendência ou pelo menos deixava claro que 'éramos muito semelhantes'.[29]

A teoria da seleção natural das espécies chegava ao Brasil num momento de afirmação da nacionalidade, quando intelectuais e políticos objetivavam colocar o país na «marcha evolutiva da civilização», através da História e da Geografia. Uma das questões levantadas pelas teorias evolucionistas, na mesma época, foi a da origem da sociedade, o que, no Brasil, foi imediatamente objeto de debates, pois os índios, considerados primitivos e selvagens, eram os primeiros habitantes do país e, ao mesmo tempo, conheciam o interior e as suas riquezas a explorar[30]. Uma solução foi considerá-los 'primitivos', cuja caracterização as ciências naturais se encarregavam de fazer.

Neste contexto, desenvolveu-se a antropologia e a arqueologia no país, com base nos métodos da craniometria, tema que fazia parte das discussões do Imperador com seus interlocutores cientistas. Numa carta de 1873, Quatrefages comentou com o Imperador os resultados dos seus estudos sobre a teoria das raças, dizendo que era uma craniologia geral aplicada à caracterização das raças humanas e que esperava que fosse mais e mais reconhecido que os tipos pré-históricos, os mais antigos, estão ainda representados em populações atuais; que o desenvolvimento das qualidades e faculdades humanas eram independentes da forma do crânio; o crânio de Neandhertal, que alguns antropólogos diziam que pertencia a alguma espécie de besta feroz, encontrava-se ainda entre australianos, isto é, «dividindo os mesmos espaços conosco»[31].

Comparadas à teoria da seleção das espécies, as idéias de Quatrefages, ou de Louis Agassiz foram as que ganharam mais adeptos no Brasil. Pouco depois que Quatrefages

[28] DOMINGUES, H.M.B. e ROMERO SÁ, (2003) 118.

[29] A Teoria Darwinista. *Jornal do Comércio*, 1893.

[30] DOMINGUES, H. M. Bertol, As ciências naturais e a construção da nação brasileira. Revista de História, 135 (2º semestre 1996) 41-59.

[31] Carta de 2 dezembro de 1873; o livro do qual ele fala, aparentemente, é o Instruções para quem de Nicolau Joaquim Moreira publicado neste ano em português e inglês para ser divulgado na Europa e Estados Unidos. Numa outra carta Quatrefages, invocando um trabalho de Grandidier e Edwards que acabava de ser publicado, dizia que este significava um golpe mortal na teoria darwinista com suas pretendidas origens simiescas. Diz que Haeckel pensara encontrar nos Lémuriens a cadeia necessária entre os marsupiais e os macacos, que ele faz nosso ancestral pelo seu intermediário, o homem pithecóide(?), do qual não conhecemos traço algum. Grandidier havia estudado a placenta dos Lémuriens que Haeckel havia acreditado ter uma «caduque'e ser discoidal semelhante nos homens e nos macacos. Porém, Grandidier pudera demonstrar que faltava aos Lémuriens a «caduque» e a sua placenta era difusa como as «angulles», os «edentés» e os Cetáceos(Carta de Quatrefages a Pedro II, 7 de janeiro de 1876 (Arquivo Imperial de Petrópolis).

publicou seu livro sobre raças, Pedro II enviou-lhe uma remessa de amostras de fósseis, para análise, dentre as quais algumas daquelas descobertas por Lund. O mesmo ele fez com Virchow, na Alemanha, outro antropólogo anti-Darwin. Os fósseis foram motivo de discussão entre o Imperador e Quatrefages, dentre os quais aqueles coletados por Lund. Este, durante os anos 1840, havia trabalhado nas grutas de Lagoa Santa, no Estado de Minas Gerais, onde coletou material fóssil. Em pouco tempo, tornou-se conhecido pois foi referência para Darwin, que citou o seu trabalho no livro *A descendência do Homem*[32]. Para Quatrefages, no entanto, os fósseis que lhe tinham sido enviados não permitia apresentá-los como símbolo da antiguidade do homem americano, pois tratava-se de fósseis bem mais recentes do que os do homem de Neandhertal. Suas conclusões opunham-se às de Lund, conseqüentemente às de Darwin. Ao mesmo tempo, permitia-se afirmar que, sobre a cultura social, a medida do crânio mostrava que era muitíssimo atrasada, ao contrário da idade dos fósseis. Pouco tempo depois ele sugeriu ao Imperador que organizasse uma nova expedição às cavernas onde havia estado Lund[33].

No Museu Nacional do Rio de Janeiro os trabalhos de antropologia que foram se desenvolvendo e conseqüentemente desenvolvendo esta ciência no país, estavam de acordo com as teses de Quatrefages. Por seu lado, Quatrefages concordava com os trabalhos de antropologia – física – desenvolvidos no Museu Nacional, pelos médicos João Batista de Lacerda e Rodrigues Peixoto. Em 1878, por ocasião da Exposição Antropológica de Paris, a comunidade científica manifestou seu reconhecimento ao trabalho de Lacerda e o de Peixoto, outorgando-lhes medalhas[34]. Ambos haviam trabalhado os fósseis de Lund, cujos resultados foram publicados na revista do Museu Nacional, *Archivos do Museu Nacional*, em 1876. Sobre as conclusões de Lund, observava: *O crânio fóssil da Lagoa Santa, uma das preciosidades da nossa coleção, assemelha-se muito por seus caracteres aos crânios dos Botocudos.* Para Lacerda, os crânios que Lund coletara eram de Botocudos, isto é, os tipos mais atrasados na escala da cultura, que viviam no entanto «entre nós». Ele dizia que a um crânio como este correspondeu um grau de inferioridade intelectual muito próximo dos macacos antropofágicos[35]. Aproximou o homem do macaco, mas não admitiu a descendência. Para ele a tradição antropológica estava ligada a «*Retzius, Morton, Prichard, Wagner»que tinham dado bases «modernas» aos estudos de «Broca, Pruner-Brey, Quatrefages, Wirchow, Topinard et outros que desenharam uma nova abordagem à ciência antropológica*». Em um artigo de 1882, reafirmou que seu método, tal como o de Rodrigues Peixoto, seguia as *Instruções* de Broca[36].

---

[32] DARWIN, Charles, *The Descent of Man, and Selection in relation to sex*. Princeton University Press, 1981. Reprint of the 1871, ed. Published by J. Murray.

[33] Carta de Quatrefages a Pedro II, 27 de abril de 1874 (Arquivo Imperial de Petrópolis).

[34] Os diplomas de participação na Exposição Antropológica de Paris e medalhas que ambos receberam foram expostos na Exposição Antropológica Brasileira realizada em 1882 (Guia da Exposição ..., Museu Nacional, Rio de Janeiro, 1882, pp. 45 e 71).

[35] LACERDA, J. B. de – Contribuição para o estudo antropológico das raças indígenas do Brasil. Archivos do Museu Nacional do Rio de Janeiro, vol. I, Imprensa Nacional, 1876, p. 47-75.

[36] RODRIGUES PEIXOTO, Novos Estudos Craniológicos sobre os Botocudos. Archivos do Museu Nacional, vol. VI, 1885, p. 208.

No trabalho sobre os fósseis de Lagoa Santa, Lacerda fez considerações comparativas deixando entrever algum princípio evolucionista, quando afirmou que o predomínio da dolicocefalia trazia argumentos para provar que a raça americana era dolicocéfala na sua maioria, mas que encontravam-se também tipos subdolicocéfalos e um mesaticéfalo, indicando que o Botocudo tendia a modificar-se pelo cruzamento com outra raça diferente, porém, *pela sua pequena capacidade craneana os Botocudos devem ser colocados no mesmo nível dos Neo-Caledonios e dos Australianos, isto é, entre as raças mais notáveis pelo seu grau de inferioridade intelectual. As suas aptidões são, com efeito, muito limitadas e difícil é fazê-los entrar no caminho da civilização.* Concluía que o seu índice cefálico indicava uma dolicocefalia superior à dos patagônios e dos esquimós, as duas raças mais dolicocéfalas do mundo, o que o levava a admitir que no decurso de muitos séculos a raça dos Botocudos não tinha subido um só grau na escala da intelectualidade. – *É um representante da raça pré-histórica, contemporânea do cavalo fóssil e outras espécies já extintas.* Com tais afirmações o antropólogo inviabilizava a idéia de «civilizar o país», incluindo os índios.

Lacerda terminou aquele estudo refutando as conclusões de Lund e afirmando-se poligenista e criacionista «como Agassiz»: «*Se é verdade que a formação do novo continente precedeu à formação do velho mundo, como quer Lund, fundado nas suas observações geológicas sobre o plateau central do Brasil, se é exato, como diz Morton, que as mesmas crenças, os mesmos costumes, os mesmos ritos e até a mesma língua se encontram, com pequenas diferenças, em todos os povos esparsos no imenso território da América, não será talvez arrojada a proposição de Simonin quando diz que o Indio americano é um produto do solo americano!*»[37].

Os trabalhos sobre Lund, de Lacerda e os de Rodrigues Peixoto, mereceram comentários favoráveis na Academia de Ciências de Paris, em 1883, quando foram apresentados por Quatrefages. Este se dizia feliz ao poder fazer elogios tão merecidos aos dois naturalistas brasileiros. Segundo ele, Lacerda sublinhava as sensíveis diferenças que distinguiam esses crânios daqueles dos Botocudos[38].

Uma outra análise dos dois brasileiros, que mereceu longos comentários de Quatrefages na Academia de Ciências de Paris, foi o estudo sobre o sambaquis, retornando à questão da origem dos povos, neste caso, dos americanos, que tanto ocupou a atenção dos cientistas nesta época. Da mesma forma, os sambaquis brasileiros foram objeto de trabalho de Virchow, na Alemanha, subsidiado que foi por um grupo de viajantes-naturalistas e pelos fósseis enviados pelo Imperador. Como bem mostrou Luiz Castro Faria, as análises de Virchow sobre os sambaquis brasileiros mudaram para sempre a interpretação sobre eles, deixando claro que constituíam restos humanos[39]. No volume VI dos *Archivos do Museu Nacional*, João Batista de Lacerda publicou também um artigo sobre os sambaquis, intitulado *O Homem do Sambaqui – Uma contribuição*

---

[37] Idem, p. 74.

[38] QUATREFAGES, Note sur l'état des Sciences Naturelles et de l'Anthropologie au Brésil. *Compte Rendu de l'Académie de Sciences de Paris*, 1883, Vol. 96, p. 308-313 (Archives de l'Académie des Sciences de Paris).

[39] CASTRO FARIA, Luiz, Virchow e os sambaquis brasileiros: um evolucionismo antidarwinista. (Org.) DOMINGUES, ROMERO SÁ e GLICK, 2003, op. cit., p. 125-143;

à *Antropologia Brasileira*, em que começou justificando-se que não estava à procura das origens, pois esta era uma questão que a ciência ainda não tinha solução, porém, sobre a evolução desses grupos podia afirmar que: *Nas manifestações da atividade cerebral humana, sob o ponto de vista da arte ou da indústria, há, é verdade, uma infinita gradação que ascende desde o mais ínfimo representante da espécie até o mais portentoso produto dela.* Salientando então a enorme diferença que existia entre os cérebros dos «brutos» austrálios e tasmânios e os de Miguel Ângelo ou Raphael. Para ele, o homem dos sambaquis não possuía, como os astecas e os peruanos, um cérebro afeiçoado às produções artísticas; sua inferioridade cerebral estava mesmo colocada a um nível tão baixo que não lhe permitia pensar em erguer monumentos cuja existência pressupunha um grau de civilização adiantada[40].

Em outro trabalho, escrito com Rodrigues Peixoto, reafirmava a inferioridade social e/ou intelectual do homem do sambaqui: *as raças aborígenes desta parte do novo mundo não deixavam sequer vestígios apagados de uma civilização incipiente; elas atravessaram os séculos, pela maior parte, na mais profunda barbárie e prolongaram até hoje essa longa e tenebrosa fase de sua vida primitiva. (...) No mesmo nível de civilização, ou melhor dizer de profunda barbarie em que elas apareceram se conservam até hoje*[41]. Aqueles restos arqueológicos, ainda hoje estudados para se conhecer a dieta dos indígenas, serviu para demarcar a hierarquia social.

Também este trabalho Quatrefages comentou na Academia de Ciências de Paris dizendo que a análise de Lacerda e a de Peixoto mostrava que os sambaquis eram os «koekkenmoedings» do Brasil concordando que os crânios analisados os aproximavam do dos Botocudos e testemunhavam a sua ancianidade[42]. Tais conclusões estavam totalmente de acordo com as dele, mesmo quando analisara diversos crânios americanos comparativamente aos fósseis descobertos por Lund.

Numa carta a Pedro II, referindo-se aos dois cientistas do Museu Nacional e também a Ladislau Netto, então Diretor do Museu, Quatrefages fez elogios aos trabalhos realizados na instituição brasileira dizendo que o Brasil entrava numa via de pesquisas sérias que não tocavam somente à história local, mas também a problemas os mais importantes da humanidade[43]. Os problemas a que se referia diziam respeito à colonização e à conquista dos últimos recantos da Terra, cuja natureza e os homens urgia que fossem conhecidos dos poderes imperialistas, então em expansão no mundo. As ciências naturais foram forte veículo do processo político internacional, nessa época.

Derivados de Darwin ou darwinismo no Brasil

Desde o final do século XIX, até meados do século XX, o darwinismo no Brasil tornou-se, pode-se dizer, mais real. No Museu Nacional, Ladislau Netto, botânico, começou a discutir as questões da evolução darwinista, mantendo, no entanto, uma

---

[40] LACERDA, J.B. – O Homem dos Sambaquis. *Archivos do Museu Nacional do Rio de Janeiro*, Vol. VI, 1885, p. 175. Samaqui, mais comumente conhecido como casqueiro, era um lugar onde encontrava-se muitas conchas, e ossos de peixes, formando em geral montanhas.

[41] Lacerda & Peixoto, 1876: 182.

[42] QUATREFAGES – Recherches sur les populations actuelles et préhistoriques du Brésil. Archives du Musée National.

[43] Carta de Quatregafes a Pedros II, Paris 11 de agosto de 1885 (Arquivo Imperial de Petrópolis).

posição ambígua. Como diretor do Museu, passou a fazer também antropologia que associou à arqueologia, porém, sem lançar mão da craniometria[44]. Seus trabalhos em botânica o haviam aproximado das conclusões de Haeckel, mas, seu evolucionismo sempre foi muito próximo do de Lamarck, bem formado que era na escola francesa, onde esteve por alguns anos no final da década de 1850 e início da de 60.

Na Academia de Medicina surgiram teses utilizando os princípios darwinistas e na escola de Direito de Recife a teoria era ensinada principalmente a partir dos trabalhos de Haeckel e Spencer, que também não eram darwinistas, mas que, no entanto, não renegavam a teoria. Como bem observou um conhecido intelectual da época, Sylvio Romero, formado na escola de Recife, a questão da evolução fazia parte de diferentes disciplinas, além das ciências naturais, das ciências jurídicas e da história, e fornecia elementos para uma teoria geral da sociedade brasileira. Através dela era possível explicar sua marcha evolutiva submetida à ação do clima e do meio e as qualidades etnológicas das raças que haviam formado o seu povo. Segundo Sylvio Romero, Spencer fornecia para isso a teoria mais completa.

Para Sylvio Romero, a fórmula haeckeliana – «*Cada povo que se desenvolve recapitula as fases anteriores da evolução da espécie humana*» –, aplicada à sociedade, era exagerada e não muito acertada[45]. Discordava também de outra «lei» sociológica que dizia: «*Sempre que uma sociedade se desloca de uma região para outra e o grupo civilizado se põe em contato e fusão com gentes em períodos inferiores de cultura, a história volta a séculos atrás e passa a recapitular sumariamente as fases passadas da história da humanidade*». Ele se declarou identificado com o darwinismo poligenista e as teorias biológicas que aceitavam uma analogia entre animais e vegetais, como a de G. Tarde. Retomou as idéias de Spencer e a tese de Schäffe, que tinha concluído pela reprodução da filogênese pela ontogênese, afirmando que as *colônias reproduzem com uma marcha mais acelerada, com mais intensidade, sobre uma extensão considerável, os estágios percorridos pelas civilizações de alta cultura*. Sylvio Romero aceitava a equalização da cultura social pela emergência das classes inferiores e concluía que as «raças», por mais estranhas que fossem, mostravam um *paralelismo analógico* nas várias fases do seu desenvolvimento.

Os estudos sobre as diferenças raciais que, no início do século xx, tomaram conta dos laboratórios de antropologia, de medicina e das ciências voltadas especificamente para o social, como o Direito, baseavam-se principalmente em Spencer e Haeckel, porém, ficaram conhecidos como darwinismo social. Esses estudos, no Brasil, tocavam diretamente a sociedade que era vista como um «laboratório racial» e, segundo Lilia Schwarcz, a miscigenação era tomada como sinal de enfraquecimento e decadência da sociedade, pois, naquela época, raça e nação se equivaliam[46]. Quando se tratava de defender a hegemonia da prática do Direito ou uma certa hierarquia social, o argumento escorregava da cultura para a natureza, do indivíduo para o grupo, da cidadania para a

---

[44] Tal fato foi observado também por CASTRO FARIA, L. – As Exposições Antropológicas do Museu Nacional. Rio, Imprensa Nacional, 1949.

[45] Idem, p. 201. Grifos do autor.

[46] SHWARCZ, Lilia M., O espetáculo da miscigenação, (Org.) DOMINGUES, ROMERO SÁ e GLICK, 2003, p. 165-180.

raça[47]. Raça e nação se confundiam e o Brasil se via como uma sociedade enfraquecida, porque miscigenada, observou ainda Schwarcz.

Contudo, no Brasil, onde a teoria de Darwin foi inaugurada, deu-se também a sua reafirmação através da genética, no século xx. A genética foi uma importante via da concretização da teoria no Brasil, que tomou impulso maior com as viagens de Dobzhansky, ao país, na década de 1940[48]. Era ensinada, desde os anos 1920, nas escolas de Agricultura, de São Paulo, com base na teoria evolucionista de Lamarck, mas também, na darwinista de Fisher[49]. Dobzhansky chegou ao Brasil, com financiamento da Rockefeller, para estudar populações genéticas de zonas tropicais, pois, depois de analisar os estudos teóricos de Wright, Fisher, Haldane e Müller, concluiu que se restringiam a zonas temperadas[50]. Ele estudou, com sucesso populações de Drosophilas em diferentes lugares no país. Thomas Glick, no seu estudo pioneiro, mostrou que Dobzhansky deixou como saldo de seu trabalho no Brasil, não somente os resultados revolucionários para o darwinismo, como também, estruturou um sólido grupo de pesquisa em genética, na Universidade de São Paulo.

Conclusão

No Brasil, como em tantos países, a introdução da teoria da seleção das espécies por seleção natural ocorreu num clima de confronto, porém, não se pode falar em hostilidades entre os cientistas. As diferentes posições relativas à teoria de Darwin ficaram bem evidenciadas no Museu Nacional, por exemplo, onde conviveram as teses darwinistas de Müller com as contrárias, de Lacerda e Peixoto, e com a indecisa de Ladislau Netto. Seus trabalhos mereceram reconhecimento num dos fóruns científicos mais importantes da época, senão o mais importante, a Academia de Ciências de Paris, que era também um dos fóruns de maior oposição a Darwin.

Por outro lado, foram as idéias dos haeckelianos e spencerianos, como Sylvio Romero, Tobias Barreto e outros, que tiveram maior repercussão no Brasil e que também não podiam ser considerados darwinistas. Somente no século xx, com os trabalhos desenvolvidos nos Institutos de Agricultura, do Estado de São Paulo, e, depois, com os trabalhos realizados por Dobzhansky pode-se dizer que a zoologia, talvez a ciência menos estudada até agora pelos historiadores da ciência no Brasil, centralizou, com sucesso, as pesquisas baseadas na teoria de Darwin, até meados do século xx.

De um modo geral não se pode desvincular as questões tratadas pelo teóricos do evolucionismo, no século xix, do processo político e intelectual de afirmação da ideologia nacional, porém, em geral, ao vinculá-los, fala-se em subordinação da ciência ao político, porém, não teria sido o contrário? A política foi um ventríloquo das ciências naturais e a teoria da evolução, tal como interpretada, serviu ao imperialismo. No

---

[47] Idem, p. 171.

[48] GLICK, T. A Fundação Rockefeller e a emergência da genética no Brasil, (Org.) DOMINGUES, ROMERO SÁ e GLICK, 2003, p. 145-163.

[49] Idem, p. 146.

[50] Idem, p. 147.

século xx os estudos do darwinismo, ao contrário, começaram a abrir o caminho da ecologia, do que encontramos um exemplo nos trabalhos de Dobzhansky.

João Rui Pita

Faculdade de Farmácia e CEIS20, Universidade de Coimbra, Portugal

PRÁTICAS CIENTÍFICAS À VOLTA DE 1900:
QUÍMICA, MICROBIOLOGIA E SAÚDE PÚBLICA EM PORTUGAL

1. Introdução

No presente trabalho são feitas algumas reflexões sobre alguns dos aspectos mais significativos do desenvolvimento da higiene e da saúde pública em Portugal no contexto da renovação sanitária que marcou decididamente a higiene e a saúde pública europeias entre meados do século XIX e os primeiros anos do século XX. Não se trata. portanto, de um trabalho acabado. Trata-se, antes de mais, de um lançar de questões e de um levantamento de problemas inseridos numa investigação mais vasta sobre a história da higiene e da saúde pública em Portugal nos séculos XIX-XX.

As balizas cronológicas apontadas prendem-se com questões institucionais e também com problemas científicos. É precisamente em meados do século XIX, e isto é bem patente em Portugal, que a higiene e a saúde pública se revalorizam em função da intromissão do rigor das ciências laboratoriais no seu desenvolvimento e é também em meados do século, acentuadamente na sua segunda metade, que se dá a institucionalização de disciplinas nos planos de estudos médicos e farmacêuticos, bem como o aparecimento de instituições vocacionadas para a investigação científica no campo da microbiologia e da química aplicadas à higiene e à saúde pública. Como tivemos oportunidade de referir em trabalho anterior[1], Portugal foi sobretudo um centro reprodutor do saber científico e não propriamente um centro produtor. No primeiro quartel do nosso século, os avanços conseguidos em determinados territórios das ciências da saúde acentuaram ainda mais a revalorização da higiene e da saúde pública enquanto disciplinas científicas do campo médico, em grande parte em virtude da intromissão do rigor das disciplinas de laboratório no procedimento do trabalho da higiene e da saúde pública. É o tempo da emergência da medicina tropical e do desenvolvimento da parasitologia, é o tempo da consolidação de conhecimentos e de práticas laboratoriais microbianas, é um período de afirmação das especialidades cirúrgicas em medicina, surgem as primeiras vitaminas, etc.. Em 1911 o ensino

---

[1] Cf. Ana Leonor Pereira; João Rui Pita, «Ciências». In: José Mattoso (dir.) – *História de Portugal*, vol. 5, O Liberalismo (1807-1890), Coordenadores: Luís Reis Torgal; João Lourenço Roque, Círculo de Leitores, 1993, pp. 652-667.

médico foi radicalmente modificado, pelo menos no que diz respeito à sua edificação. Entre 1902 e 1921, o ensino da farmácia passou por alterações do maior significado, culminando na fundação das Faculdades de Farmácia de Coimbra, de Lisboa e do Porto em 1921. Estas alterações no ensino médico e farmacêutico traduziram-se, também, em modificações institucionais da maior importância para o avanço das ciências e do exercício profissional.

2. As bases das preocupações contemporâneas de saúde pública

As bases das preocupações sanitárias do século XIX respeitantes à saúde pública remontam aos finais do século XVIII, sendo inegável que o racionalismo setecentista se fez sentir marcadamente na problemática higienista. O bem-estar das populações, a melhoria das condições das unidades hospitalares, a mortalidade infantil, foram algumas das preocupações dos governantes. Muito naturalmente, surgem os primeiros tratados de higiene pública moderna, isto é, obras que articulavam a medicina e a política tendo em vista o benefício da comunidade.

Foi igualmente nos finais do século XVIII que foram lançadas as bases de uma terapêutica preventiva através da vacinação anti-variólica; de resto, este tema sintoniza-se perfeitamente com as preocupações iluministas do bem-estar das populações, uma vez que a prevenção de uma doença como a varíola, de elevada taxa de mortalidade, constituía, de facto, um grave problema de saúde pública.

Deste modo havia a consciência de que era necessário propugnar por novas condições sanitárias conducentes à melhoria das condições de vida das populações, tanto mais que a industrialização gradual da Europa originava marcadas alterações demográficas, laborais e sanitárias com repercussões imediatas e significativas nas classes trabalhadoras. Muito logicamente, estas alterações reforçaram problemas sanitários antigos e conduziram ao aparecimento de consequentes problemas médicos e epidemiológicos[2]. A doença passava a ser encarada, também, como um problema de componente social[3], deixando de ser admitida unicamente como um problema de ordem técnica ou científica; a sua articulação com questões económicas e políticas passou, nalguns casos a ser um dado adquirido.

As preocupações com a saúde da comunidade tiveram nos finais do século XVIII dois dos aspectos mais significativos com a publicação do tratado do médico vienense Johann Peter Frank *Sistema Completo de uma Polícia Médica* (*System einer vollständigen medicinischen Polizey*), cujo primeiro volume data de 1786 e, ainda, com a introdução da técnica da vacinação antivariólica pelo médico escocês Edward Jenner. O tratado de Frank marca a medicina precisamente pelo desejo que manifesta no lançamento de uma adequada política sanitária por parte das autoridades políticas; a introdução da vacina jenneriana marca o início de uma terapêutica preventiva. Se o primeiro constitui uma base programática de actuação, fundamental para uma correcta política sanitária, a vacinação jenneriana traduz uma face visível e prática desta política sanitária.

---

[2] Cf. Juan Riera, *Historia, medicina y sociedad*, Madrid, Piramide, 1985, p. 342.

[3] Cf. Juan Esteva, *Historia de la farmacia*, Barcelona, Facultad de Farmacia, 1979/80, p. 276.

Na sua obra, Frank abordou a saúde tanto do ponto de vista individual como colectivo sobressaindo que é competência do Estado a resolução dos problemas sanitários de interesse público, isto é, os problemas de saúde pública. No texto são abordados problemas concernentes à higiene da infância, assuntos demográficos, higiene dos alimentos, higiene dos hospitais, etc.. Trata-se de uma obra pioneira no domínio da higiene moderna e cujo impacto na comunidade científica foi significativo, nomeadamente em defesa de uma polícia médica[4]; «representa exemplarmente um género de trabalhos que situa a higiene no plano médico-institucionalista, isto é, que faz depender a resolução dos problemas atinentes à conservação da saúde e à prevenção da doença, fundamentalmente, da articulação do poder político com o poder médico»[5]. Não pretendemos dizer com isto que o tratado de Frank foi o único a abordar a problemática da saúde da comunidade; contudo, pelo seu volume e riqueza de conteúdo, é tido como o primeiro grande tratado que articula a medicina com o domínio do social e do político. Por todo o fim do século XVIII assiste-se a uma crescente preocupação com a saúde da comunidade que se encontra plasmada na vasta série de publicações sobre o tema. Além de Frank citem-se, ainda, obras menos volumosas mas igualmente marcantes de Tissot, que publicou o Aviso ao Povo sobre a Saúde e, ainda, Fodéré que, nos finais do século XVIII publica um tratado de medicina legal e de higiene pública[6].

Em Portugal, um dos primeiros indicadores desta preocupação higienista foi a publicação da obra de Ribeiro Sanches, *Tratado da Conservaçaõ da Saúde dos Povos*, texto que reflecte de modo claro a perspectiva iluminista de saúde pública, «tomando-a como uma questão em que a normatividade médica deve atingir os indivíduos através do poder político, designadamente de estruturas administrativas da disciplina vital das populações»[7]. Para Sanches, e neste seu autêntico tratado de higiene pública, preconiza-se já uma preocupação por temas que se viriam a revelar como alguns dos mais significativos da higiene pública oitocentista, nomeadamente a construção de adequadas pedagogias de saúde, o controlo do ar, preocupações com a água, etc.

Mais tarde, no primeiro quartel do século XIX, estas preocupações médicas com a saúde das populações tomam a configuração de polícia higiénica. Tanto assim foi que José Pinheiro de Freitas Soares publicou em 1818 o seu *Tratado de Polícia Médica*, no qual o autor abordou «explícita e valorativamente o tema da prevenção da saúde sob a tutela do Estado enquanto instância responsável pelos problemas sanitários»[8]. Freitas Soares abrange com a sua obra diversos níveis da vida social, sendo, para o autor, fundamental objectivar higienicamente diversos aspectos do quotidiano das populações, desde os enterramentos, aos casamentos, às cadeias, aos hospitais, aos matadouros, etc..

---

[4] Cf. Juan Riera, *Historia, medicina y sociedad*, ob. cit., p. 342.

[5] Ana Leonor Pereira; João Rui Pita, «Liturgia higienista no século XIX. Pistas para um estudo», art. cit., p. 442.

[6] Cf. Jean-Charles Sournia, *História da medicina*, Lisboa, Instituto Piaget, 1995, p. 221.

[7] Ana Leonor Pereira; João Rui Pita, «Liturgia higienista no século XIX. Pistas para um estudo», art. cit., p. 454.

[8] Idem, *Ibidem*, p. 465.

Muitos outros autores abordaram a problemática da saúde pública e da prevenção da doença em sintonia com as directrizes iluministas. Foram publicadas diversas obras e surgiram diversos artigos em publicações periódicas como os *Annaes das Sciencias das Artes e das Letras, O Investigador Portuguez em Inglaterra*, o *Jornal Encyclopedico* e o *Jornal de Coimbra*. Vários nomes podem ser apontados, como, por exemplo, os de Manuel Joaquim Henriques de Paiva, que redigiu, entre muitas obras o célebre *Preservativo das bexigas*[9]; Mello Franco, autor dos *Elementos de hygiene*[10], Joaquim Xavier da Silva[11], etc. Proliferam diversas obras de divulgação merecendo especial destaque neste particular o nome de Henriques de Paiva, o divulgador médico mais significativo dos finais do século XVIII e dos inícios do século XIX. As suas obras pretendiam contribuir para a instituição de «uma pedagogia da população em termos sanitários, isto é, a efectivação social do higienismo»[12].

Também foi nos finais do século XVIII que Edward Jenner, médico escocês, preconizou um sistema de imunização contra a varíola, uma doença que, como se sabe, alastrava com efeitos catastróficos entre a população europeia, nomeadamente sobre os escalões etários mais baixos. O sistema de vacinação introduzido por Jenner foi sem dúvida o ponto mais elevado e de resultados práticos mais visíveis na dinâmica médica preventiva de finais do século XVIII. Tratava-se de um sistema resultante de uma observação apurada e longa feita por Jenner. Após largos anos de observação, Jenner concluiu que as leiteiras que retiravam o leite das vacas, depois de terem contaído uma infecção devido ao contacto com o animal, ficavam imunes à varíola humana. Jenner pensou que se fosse provocada uma infecção com essas pústulas em indivíduos saudáveis eles ficariam imunes contra as epidemias de varíola. Depois de ter visto negada a publicação dos seus resultados em 1796 e 1797 na *Royal Society de Londres*, Jenner acabou por publicar as conclusões dos seus trabalhos em 1798 e rapidamente houve o reconhecimento generalizado dos benefícios da sua técnica de prevenção contra uma doença contagiosa.

Também muito rapidamente, entre nós, se difundiu a vacinação jenneriana. Atestam-no os numerosos trabalhos publicados nas *Memorias da Academia Real das Sciencias de Lisboa* e os relatórios da actividades da *Instituição Vaccinica* fundada em 1812 com o objectivo de difundir a vacinação em Portugal. Embora a difusão da vacinação jenneriana tenha sido rápida, o certo é que o impacto da vacina não atingiu os resultados que as autoridades sanitárias esperavam, embora nunca tenha deixado de ser reforçado o significado higienista da vacina e a sua utilidade prática, chegando mesmo a dizer-se que aquele tipo de prevenção se mostrava «o máximo e único preservativo do contágio varioloso»[13]. Diversos testemunhos atestam cientificamente a validade da descoberta jenneriana e, simultaneamente, interpretam-na como uma

---

[9] Cf. Manuel Joaquim Henriques de Paiva, *Preservativo das bexigas ou historia da vaccina*, Lisboa, 1801

[10] Francisco de Mello Franco, *Elementos de hygiene*, Lisboa, Typographia da Academia, 1814. Outras edições em 1819 e 1823.

[11] Cf. Joaquim Xavier da Silva, *Breve tratado de hygiene militar e naval*, Lisboa, Academia das Ciências de Lisboa, 1819.

[12] Idem, *Ibidem*, p. 463.

[13] José Francisco de Carvalho, «Observações, e Reflexões sobre a vaccina», *Collecção de opusculos sobre a vaccina*, 12, 1814, p. 145.

arma política. Bernardino António Gomes chega mesmo a dizer que «neste ponto de vista político é interessantíssima [a vacinação], isto é, como muito capaz de fazer aumentar a população, que a vacina deve também ser olhada e tem sido por todos os Governos civilizados. Por meio dela (...) pode Portugal aumentar cada ano em população até 9.500 indivíduos e (...) pode em 134 anos fazê-la chegar a 4.923.575 que se aproxima ao duplo da actual»[14]. No mesmo sentido se pronunciou Fonseca Benevides ao adiantar que «todos os Governos têm olhado a vacina como um objecto político da maior importância e talvez que não tenha havido outro para que devam dirigir as suas vistas mais circunspectamente como para a vacina quando se trata do aumento da população»[15].

A obra de Frank e os trabalhos de Jenner projectam, então, duas frentes básicas do higienismo por todo o século XIX. Com elas elevaram-se dois princípios fundamentais, interdependentes, que a consciência higienista de oitocentos esculpiu. São eles: «1º a conversão da saúde num objecto de administração e legislação estatais; 2º a prevenção vacínica»[16].

Gradualmente a higiene passa de uma área de significado menor no contexto das ciências médicas, para uma área de alto valor. De tal sorte se foi dando esta transformação que os Estatutos da Universidade a consideraram mesmo como «a parte mais importante da medicina»[17].

Os estudos concernentes à higiene abordavam, com frequência, o vestuário, a alimentação, as bebidas, o sono e o repouso, isto no aspecto privado. Na vertente pública eram abordados aspectos relacionados com as condições de habitabilidade das residências, dos efeitos dos rios sobre as populações, sobre as epidemias, etc.

3. A estatística, a química e a microbiologia na revalorização da higiene

Gradualmente a higiene transforma-se numa disciplina envolvente. Januário Peres Furtado Galvão, em 1845, referiu mesmo que «a Higiene é uma ciência enciclopédica: são dela tributárias todas as demais ciências e todas as artes (...) tudo abrange o domínio da Higiene»[18]. Os higienistas de oitocentos concebiam a higiene como no dizer de Ricardo Jorge «a filha dilecta da civilização moderna»[19]. Contudo, a partir de meados do século XIX as preocupações com a saúde pública assumem uma outra

---

[14] Bernardino António Gomes, «Conta Annual da Instituição Vaccinica da Academia Real das Sciencias de Lisboa pronunciada na Sessão Publica de 1815», *Historia e Memorias da Academia Real das Sciencias de Lisboa*, 4 (2) 1816, p. XXXIV.

[15] Inácio António da Fonseca Benevides, «Discurso historico sobre os trabalhos da Instituição Vaccinica, recitado na Sessão publica da Academia Real das Sciencias de Lisboa, em 24 de Junho de 1818», *Historia e Memorias da Academia Real das Sciencias de Lisboa*, 6 (1) 1819, p. XXVII.

[16] Ana Leonor Pereira; João Rui Pita, «Liturgia higienista no século XIX. Pistas para um estudo», art. cit., p. 446.

[17] *Estatutos da Universidade de Coimbra*, vol. 3, Coimbra, Universidade, 1972, p. 53.

[18] Januário Peres Furtado Galvão, *Curso Elementar d'Hygiene*, Porto, Typographia Commercial, 1845.

[19] Ricardo Jorge, *Hygiene social aplicada à Nação Portugueza. Conferencias feitas no Porto*, Porto, Livraria Civilização de Eduardo da Costa Santos-Editor, 1885, p. III.

concepção; a higiene, designadamente a higiene pública, converte-se gradualmente numa ciência experimental que, muito naturalmente, adoptou as metodologias das ciências experimentais e se suportou em novas áreas do domínio médico, nomeadamente a estatística, a química aplicada à higiene e a microbiologia.

Ora, até meados do século xix a higiene e os problemas da saúde pública congregavam-se a preocupações de índole social e qualitativa. Isto é: preconizava-se que o Estado devia desempenhar um papel activo na prossecução de uma adequada política sanitária das populações, constatava-se que determinadas condições de vida e condições laborais eram propícias ao aparecimento de determinadas doenças, sabia-se que em dadas condições sanitárias era provável o aparecimento de uma dada epidemia. De resto, o conceito de doença contagiosa era já conhecido desde o século xv; Fracastoro difundiu de modo incisivo a ideia de que determinadas doenças eram propagáveis e, portanto, nessas condições, um elemento portador de uma doença contagiosa quando se encontrava no seio de uma comunidade poderia propagar essa doença a outros elementos. O que se pode adiantar a este respeito é que as questões de saúde pública eram suportadas, em larga medida, em teorias médicas ou alicerces médicos de base qualitativa, desconhecendo-se a etiologia das doenças contagiosas.

O desenvolvimento da química e sua aplicação à medicina, o aparecimento da microbiologia e a matemática social foram três áreas que se mostraram do maior significado para a transformação da higiene e, por conseguinte, da saúde pública numa disciplina experimental. A higiene pública, que era considerada como o braço social da medicina e assim entendida, gradualmente, foi-se laboratorializando, isto é, empregando os métodos e os processos que as ciências duras aplicavam e desse modo, a nosso ver, pode atingir os seus objectivos de modo mais incisivo, seguro e actuante. É este o sentimento inscrito, por exemplo, no *Traité d'Hygiène Pratique. Méthodes de Recherches*, da autoria da Fr. Schoofs, onde se diz no prefácio da obra: «A utilidade das investigações experimentais no domínio da higiene não pode ser colocada em dúvida»[20], adiantando-se mais adiante que «na maior parte dos países, o desenvolvimento dos serviços sanitários levou à necessidade da criação de laboratórios especializados»[21]. Vejamos, de seguida, alguns tópicos que nos permitem avaliar esta transformação.

4. A laboratorilização da higiene e da saúde pública

As doenças infecciosas, facilmente propagáveis, constituíam uma preocupação para as autoridades oficiais e para a própria população em geral. Sabia-se que determinadas doenças se propagavam em dadas condições de vida, mas não se sabia ao certo o seu modo de transmissão. Sabia-se que dadas condições sanitárias eram propícias ao aparecimento de dadas patologias contagiosas. Por exemplo, sabia-se que algumas febres podiam fazer o seu aparecimento quando eram ingeridas águas em certas condições. Contudo, não havia qualquer ideia concreta, quantificável sobre a propagação da

---

[20] Fr. Schoofs, *Traité d'Hygiène Pratique. Méthodes de Recherches*, Paris, Librairie J.-B. Baillière et Fils, 1908, p. v. Tradução nossa.

[21] Fr. Schoofs, *Traité d'Hygiène Pratique. Méthodes de Recherches*, ob. cit., p. v. Tradução nossa.

doença. Ora, ao longo do século xix o avanço de ciências, nomeadamente a estatística, a química e a microbiologia levaram a uma nova organização do campo da higiene e da saúde pública. É muito interessante inscrever-se o que o referido *Traité d'Hygiène Pratique* diz a este respeito, a propósito das águas de consumo: «o higienista recorre a um grande número de métodos provenientes de diversas ciências (...) é combinando os dados fornecidos pela apreciação das propriedades físicas, pela análise química, bacteriológica e microscópica, é baseando-se no estudo geológico dos terrenos que a água atravessa, no seu poder filtrante, na topografia da região, nos efeitos da poluição, etc. que se chega a estabelecer (...) se uma água pode ser própria para consumo»[22].

Os estudos estatísticos da sociedade permitiam fornecer à higiene uma análise das populações do ponto de vista sócio-profissional e económico e, consequentemente, proporcionavam uma análise do estado sanitário das populações. Basta ver, por exemplo, o que o *Traité de l'Hygiène Publique* da autoria de Albert Palmberg[23] inscreve no final: um capítulo inteiramente dedicado a estatísticas sanitárias, valorizando-se os dados relativos a morte por febre tifóide.

Gradualmente, os governantes aperceberam-se que uma boa administração passava necessariamente por um estudo e conhecimento de determinados parâmetros sociais; era necessário conhecer a realidade social, fazer levantamentos, cruzar os dados, retirar conclusões. Era necessário listar os nascimentos, quantificar os óbitos, realizar um levantamento das epidemias, organizar «dossiers» completos sobre outros aspectos da vida das nações, nomeadamente sobre os recursos agrícolas, sobre os navios, etc. Deste modo, a estatística vai-se alargando aos aspectos sanitários e, assim, os problemas de saúde pública vêm-se sustentados em suportes quatitativos que permitem uma abordagem mais rigorosa e actuante das autoridades sanitárias[24]. A partir de então passa a ser possível fazer abordagens colectivas. Por exemplo, deixa de ser exclusivamente significativo saber que uma doença contagiosa atingiu uma determinada população e que essa doença se propaga com facilidade na comunidade. A partir de então passa a ser possível cruzar dados e afirmar que uma dada doença contagiosa se propaga em populações com certas características, com uma dada condição sanitária, que essa doença provocou um dado número de mortos, que surge em determinadas condições e que no país, ao longo do tempo, sofreu uma dada evolução. Ora isto só foi possível depois de se ter impregnado a medicina dessa vertente quantitativa de interpretação do social.

As doenças, nomeadamente as doenças contagiosas, deixavam, assim, de ser abordadas exclusivamente sob um ponto de vista individual mas era olhadas colectivamente. Isto é: a partir de então era possível «localizar focos epidémicos e correlacionar determinadas condições sanitárias com determinados estados patológicos»[25], resultando, assim, vantagens significativas para a saúde pública. Esta consciência da necessidade e do valor da estatística encontrava-se patente, por exemplo, na tese de doutoramento de Carlos Clímaco, realizada na Faculdade de Medicina da Universidade de Coimbra

---

[22] Fr. Schoofs, *Traité d'Hygiène Pratique. Méthodes de Recherches, ob. cit.*, p. 199. Tradução nossa.

[23] Cf. Albert Palmberg, *Traité de l'Hygiène Publique*, Paris, Octave Doin, Éditeur, 1891, p. 551 e ss.

[24] Cf. Jean-Charles Sournia, *História da medicina*, Lisboa, Instituto Piaget, 1995, p. 217.

[25] Ana Leonor Pereira; João Rui Pita, «Liturgia higienista no século xix. Pistas para um estudo», art. cit., p. 451.

em 1924 e intitulada *Luta anti-venérea*; nela o autor diz claramente o seguinte: «as estatísticas apresentadas não podem dar-nos senão uma muito ligeira ideia da forma assustadora porque a sífilis vai invadindo a sociedade, derruindo e desorganizando gerações sucessivas, esfacelando a sólida organização dos lares»[26].

Por isso, muito logicamente, surgem preocupações relacionadas com o bem-estar das populações e que não estão directamente relacionadas com os fenómenos patológicos. Relaciona-se, por exemplo, o aparecimento de doenças com deficiências alimentares com dadas doenças (escorbuto); articula-se o consumo de álcool com a problemática da saúde pública; relacionam-se casos de cretinismo com o bócio; etc.[27]. É precisamente neste contexto que, por exemplo, foi apresentada à Faculdade de Medicina da Universidade de Coimbra uma tese de doutoramento intitulada *Sífilis e casamento*, onde o autor, José Joaquim Crisóstomo, afirma que «a sífilis compromete o futuro da raça; enfraquece as suas forças morais e materiais, diminui a sua expansão, enfraquece o seu poder militar»[28]. No mesmo sentido falou Mário Trincão na sua dissertação de doutoramento intitulada *O aspecto medico-social da sífilis*, onde o autor afirma declaradamente que «a sífilis é uma doença social»[29] e que juntamente com a tuberculose e o cancro constituiam «os três grandes flagelos da humanidade»[30].

4.1. A influência da química

A química, como referimos, foi, também, fundamental para a laboratorialização da higiene e, por conseguinte, o aumento do rigor científico dos domínios da saúde pública. A partir dos trabalhos de Lavoisier e de toda a série de químicos que se mostraram partidários das doutrinas do químico francês, o laboratório químico passou a jogar com dados quantitativos. A teoria do flogisto de Stahl havia sido remetido para o domínio do obsoleto. Com ela havia terminado o último baluarte das especulações filosóficas em torno dos fenómenos químicos, ou melhor, alquímicos. A partir de finais do século XVIII, o rigor quantitativo, com o qual se relacionava directamente o uso sistemático da balança no laboratório, demonstrava que a química, mesmo quando aplicada às ciências da saúde permitia uma nova abordagem da medicina.

Um dos primeiros sinais do rigor lavoisieriano de aplicação à medicina foi o da nomenclatura química e sua relação com a designação dos medicamentos e de muitas matérias-primas úteis à produção medicamentosa. Ficaram famosas as fumigações que tiravam partido de cloro, preconizadas por Guyton de Morveau e cuja utilização

---

[26] Carlos Clímaco, *Luta anti-venérea*, Coimbra, Tese de doutoramento, 1924, p. 22.

[27] Cf. Jean-Charles Sournia, *História da medicina*, ob. cit., p. 216.

[28] José Joaquim Crisóstomo, *Sífilis e casamento*, Coimbra, Tese de doutoramento, 1921, p. 31.

[29] Mário Simões Trincão, *O aspecto medico-social da sífilis*, Coimbra, Tese de Doutoramento, 1926, p. 19

[30] Mário Simões Trincão, *O aspecto medico-social da sífilis*, ob. cit., p. 20.

teve lugar na cidade de Coimbra, trabalho pioneiro no nosso país, aquando de uma epidemia que grassou na parte alta da cidade[31].

Mas, um dos pontos mais marcantes da relação das ciências laboratoriais com a higiene e da introdução do rigor laboratorial no campo da higiene foi, precisamente a inovação introduzida por Max Von Pettenkofer. Este cientista alemão, que fundou em Munique o primeiro *Instituto de Higiene*, em 1875, dada a sua formação química, aplicou a sua metodologia laboratorial à resolução de problemas sanitários, sendo, por isso mesmo, considerado como um dos fundadores da higiene moderna. Ele utilizou o rigor e as técnicas da análise laboratorial das ciências físico-químicas à análise das águas, dos alimentos, das águas termais, de esgotos, etc.. Rapidamente estes estudos analíticos assumiram uma relevância no panorama da higiene porque era possível, a partir de então, determinar se, por exemplo, certas águas estavam em condições de poder ser administradas, qual a sua composição, saber se os alimentos estavam em condições de ser consumidos, etc. Por isso, não é de estranhar que em revistas médicas, químicas e farmacêuticas se encontrem artigos que incidiam particularmente sobre a vertente analítica. Isso encontra-se bem patente em revistas portuguesas como *Coimbra Médica* e *Movimento Médico* e o *Jornal da Sociedade Farmacêutica Lusitana* periódicos que temos vindo a estudar, e duas das mais representativas revistas da medicina portuguesa de finais do século xix e do princípio do século xx. Médicos, químicos e farmacêuticos desempenharam papel significativo nesta onde de renovação que assolou a saúde pública e a higiene enquanto disciplinas científicas. Nomes maiores como os de Augusto Rocha, Ricardo Jorge ou Câmara Pestana associam-se a esta nova dinâmica sanitária, mas muito outros tiveram muito importância na aplicação das metodologias laboratoriais de aplicação sanitária. É o caso de Santos e Silva, de Ferreira da Silva, de Charles Lepierre, entre muitos outros.

No caso particular das águas, quer termais, quer de consumo, quer de esgoto, a problemática da química aplicada à higiene encontra-se bem visível. Não pretendemos dizer com isto que a questão das águas não foi preocupação das autoridades médicas em tempo anterior a meados do século xix. Basta estarmos atentos, por exemplo a alguns trabalhos de Francisco Tavares, lente da Universidade de Coimbra nos finais do século xviii, para nos apercebermos do interesse dado nos finais desse século ao consumo das águas e aos efeitos das águas no organismo. Isto encontra-se patente nas suas obras *Advertências sobre os abusos, e legitimo uso das águas minerais das Caldas da Rainha* e *Instrucções e cautelas práticas sobre a natureza, differentes especies, virtudes em geral e uso legitimo das aguas minerais, principalmente de Caldas*[32]. O que pretendemos

---

[31] Jerónimo Joaquim de Figueiredo, «Diario de hum doente atacado da febre que grassou nesta Cidade principalmente no bairro da Trindade, da qual passou para o Hospital da Universidade onde foi tratado», *Minerva Lusitana* , 154,155 e 156, 1809.

[32] Francisco Tavares, *Advertências sobre os abusos, e legitimo uso das águas minerais das Caldas da Rainha, para servir de regulamento aos enfermos que delas têm precisão real*, Lisboa, Officina da Academia Real das Sciencias, 1791; Francisco Tavares, *Instrucções e cautelas práticas sobre a natureza, differentes especies, virtudes em geral e uso legitimo das aguas minerais, principalmente de Caldas; com a notícia daquellas, que são conhecidas em cada uma das provincias do reino de Portugal e o methodo de preparar as aguas artificiaes*, Coimbra, Real Imprensa da Universidade, 1810. Vide, também, a clássica obra de Guilherme Withering, *Analyse Chymica da Agoa das Caldas* , Lisboa, Officina da Academia, 1795.

dizer é que esses trabalhos eram, na generalidade, vocacionados para a parte terapêutica, isto é, sabia-se que determinadas águas eram propícias ao tratamento de uma dada doença; estabelecia-se que a ingestão de outras águas eram nefastas à saúde, etc. A partir do momento em que a química teve condições para analisar a água de modo palpável passou a saber-se a razão da utilização de diversas águas de consumo ou, pelo contrário, as justificações de um impedimento da sua utilização. Não se tratava unicamente de uma visão qualitativa em torno do consumo das águas; passou a haver uma consciência de que a água apresenta uma dada composição. Nesta medida diziam Charles Lepierre e Vicente Seiça que «as águas que se encontram na natureza contêm em dissolução ou suspensão determinadas substâncias minerais, orgânicas, organizadas e gases, apresentando-se as primeiras no estado de sais»[33]. Foi enorme a difusão de trabalhos químico-analíticos aplicados às águas de consumo e termais. Basta ver, por exemplo trabalhos como *As águas de Visela no tratamento do reumatismo*, tese de doutoramento apresentada na Universidade de Coimbra por Alberto Soares Machado[34], para nos apercebermos da mudança radical nos estudos hidrológicos, agora em inícios do século XX, declaradamente quantitativos; as mesmas obervações podem ser feitas para o trabalho de Lúcio Paes d'Abranches intitulado *Agua minero--medicinal de Luzo*[35] ou para o trabalho de Justino Xavier da Silva Freire, *Thermas dos Cucos. Relatorio de 1913*[36], para dar apenas três escassos exemplos. Sobre as águas de esgoto, pode apreciar-se o efeito dos estudos físico-químicos nestas águas residuais, por exemplo, através do trabalho de Fernando Almeida Ribeiro intitulado *Aguas de esgoto e sua depuração*[37].

4.2. Os novos dados microbiológicos

A análise química, quer das águas de consumo, e de outros produtos com aplicação sanitária, viu-se reforçada após a descoberta de microorganismos, fundamentalmente após os trabalhos de Pasteur e de Koch e de toda a galeria de microbiologistas que na segunda metade do século XIX contribuiram para a descoberta e isolamento de microorganismos. Se havia a consciência de que a análise química das águas era fundamental para averiguação da sua potabilidade, a análise microbiológica mostrou-se do maior interesse para completar os ensaios químicos. Mais: havia a consciência de que os «micróbios» para utilizar uma expressão muito corrente na época eram ameaça constante. Veja-se, por exemplo, o que nos é transmitido numa tese de doutoramento

---

[33] Charles Lepierre; Vicente José de Seiça, *Analyse Chimica das Aguas de Coimbra sob o ponto de vista hygienico*, Coimbra, Imprensa da Universidade, 1898, p. 13.

[34] Cf. Alberto Soares Machado, *As águas de Visela no tratamento do reumatismo*, Coimbra, Tese de doutoramento, 1918.

[35] Lúcio Paes d'Abranches, *Agua minero-medicinal de Luzo*, Lisboa, Typographia do Commercio, 1916.

[36] Justino Xavier da Silva Freire, *thermas dos Cucos. Relatorio de 1913*, Torres Vedras, Typographia e papelaria Cabral, 1913.

[37] Cf. Fernando Almeida Ribeiro, *Aguas de esgoto e sua depuração*, Coimbra, Imprensa da Universidade, 1910.

apresentada à Faculdade de Medicina da Universidade de Coimbra, onde se diz o seguinte sobre o bacilo da tuberculose: «encontra-se no solo, na água, nas poeiras em suspensão na atmosfera, nos alimentos, e principalmente nos objectos, casas e locais, usados, habitados e frequentados por tuberculosos»[38]. Na sua dissertação de doutoramento em medicina, Manuel Lopes Falcão disse inequivocamente sobre a sífilis que «considerada durante muitos tempos como uma doença amicróbia, veio finalmente descobrir-se o seu germen virulento»[39], numa alusão directa à importância das descobertas microbias.

Embora de início tenha havido alguma discussão em torno da possibilidade das águas transmitirem doenças contagiosas e de se descobrirem microorganismos nessas mesmas águas, o certo é que rapidamente foi admitida a validade da relação entre a contaminação microbiana das águas e a propagação de doenças contagiosas. Por isso, rapidamente se tomou consciência de que «a análise da água consiste em determinar a qualidade e a quantidade de todas as substâncias e germens que a podem poluir. Desta definição deduz-se que na análise completa da água, se torna indispensável a intervenção dum químico e dum bacteriologista quando ao primeiro falte a técnica experimental desta última ciência»[40], como nos transmitiu Joaquim de Jesus Cardoso e Sousa no seu trabalho, *Valor hygienico e processos actuaes de analyse das aguas potaveis*.

A partir de então havia a possibilidade de identificar os agentes responsáveis pela propagação de inúmeras doenças contagiosas. Isto é: depois de identificados diversos microorganismos passou a saber-se que diversas doenças contagiosas são propagadas por determinados seres e que algumas condições sanitárias são conducentes ao aparecimento desses microorganismos. Logo, tão relevante como actuar no combate à doença era combater as condições que levavam ao aparecimento desses microorganismos. Mas isto passava necessariamente por uma organizada política sanitária e por uma educação conveniente da população.

Este avanço foi, na verdade, significativo na medida em que esta quantificação e laboratorialização da higiene permitia uma actuação mais consistente e rigorosa dos governantes no lançamento de adequadas medidas sanitárias. Rapidamente, embora nem sempre de modo pacífico, houve uma tomada de consciência do valor da articulação entre a análise química e a microbiologia na dinâmica da saúde pública. A vulgarização do microscópio nos trabalhos de laboratório mostrou-se fundamental no desenvolvimento desta vertente da higiene pois permitia ver para além do que era visível a olho nú; permitia identificar de modo inequívoco determinados elementos (microorganismos) que por diversas vezes, de modo incómodo, habitavam, por exemplo, na água e, por isso, se dizia que «a cada momento se demonstrava que numerosos germens microbianos patogénicos se podiam encontrar nas águas, que serviam assim

---

[38] Afonso Augusto Duarte, *Noções elementares sobre tuberculose. Causas, profilaxia e curabilidade*, Coimbra, Tese de doutoramento, p. 17.

[39] Manuel Lopes Falcão, *um breve esboço sobre sífilis*, Coimbra, Tese de doutoramento, 1920, p. 25

[40] Joaquim de Jesus Cardoso e Sousa, *Valor hygienico e processos actuaes de analyse das aguas potaveis*, Coimbra, Imprensa da Universidade, 1904, p. 59.

de veículo para disseminação da doença, dando lugar o uso destas águas a epidemias locais ou generalizadas»[41].

Encontramos bem patente o serviço da microbiologia à saúde pública no que nos é transmitido por Charles Lepierre numa notícia histórica dos trabalhos do Laboratório de Microbiologia e de Química Biológica[42], o primeiro estabelecimento científico vocacionado para a microbiologia fundado em Portugal e que contou com o impulso inicial do microbiologista Augusto Rocha que realizou os primeiro ensino de microbiologia no ano de 1882[43]. De acordo com esse texto verificamos que um dos serviços do referido laboratório é, precisamente, o das análises das águas de consumo de Coimbra, tendo garantido o Laboratório, como contrapartida, o fornecimento de gás, por parte das autoridades camarárias. Além deste serviço, o Laboratório de Microbiologia compreendia, ainda, outras secções também relacionadas com a saúde pública, nomeadamente as que diziam respeito ao exame de produtos suspeitos provenientes do matadouro municipal, análises médico-legais, leccionação de um curso de medicina sanitária. De resto, do mesmo trabalho sobressai a importância concedida pelo laboratório aos assuntos relacionados com a higiene. Dos trabalhos de investigação realizados no Laboratório e publicados em revistas científicas, entre 1888 e 1905, uma parte significativa era reservada às análises microbiológicas de águas ou de alimentos, portanto de interesse declarado para a higiene. Entre eles encontramos a pesquisa do bacilo tífico nas águas de Coimbra, estudos sobre o bacilo da tuberculose, estudos miicrobiológicos sobre as águas do Funchal, sobre as águas de Machico, sobre as águas da manutenção militar de Lisboa, sobre as águas de Guimarães, sobre as águas da Figueira da Foz, sobre as águas da Curia, sobre queijos, etc..

Face ao entusiasmo crescente da adaptação da higiene à metodologia das ciências laboratoriais, a dimensão social da higiene foi questionada. Até que ponto esta vertente social da medicina, de efectivas implicações na saúde pública passava a ser unicamente uma ciência laboratorial ? Face a um período de expectativa, de resto compreensível perante o entusiasmo do triunfo e da eficácia da microbiologia, a higiene retoma a sua função indiscutível de braço de forte intervenção social da medicina. Tornava-se, por isso, imprescindível definir vertentes de actuação. Todo o analista, seja químico ou microbiológico é um higienista? A resposta a esta questão encontra-se bem explícita num tratado de higiene de princípio do nosso século, a referida obra de Fr. Schoofs, *Traité d'hygiene pratique*, onde a propósito da análise das águas se refere: «os químicos têm por função determinar com grande exactidão os elementos que entram na composição da água (...) Os bacteriologistas inventaram métodos que permitiram avaliar o número global de micróbios contidos numa água e têm por função isolar os germens das doenças transmissíveis, nomeadamente aqueles da febre

---

[41] Charles Lepierre; Nogueira Lobo, *Analyse microbiologica das aguas de Coimbra*, Coimbra, Typographia Auxiliar d'Escriptorio, 1902, pp. 5-6.

[42] Charles Lepierre, *Laboratoire de microbiologie et de chimie biologique. Notice historique*, Coimbra, Imprimerie de l'Université, 1906.

[43] Cf. sobre a história do Laboratório de Microbiologia da Universidade de Coimbra o trabalho recente de Ana Leonor Pereira; João Rui Pita, «A 'nave' dos micróbios na Universidade de Coimbra». In: *Património Cultural em Análise (Actas do Encontro Nacional)*, Coimbra, Grupo de Arqueologia e Arte do Centro -G.A.A.C., 1998, pp. 113-127.

tifóide e da cólera. Os laboratórios especiais de química e de bacteriologia analisam as águas sob este duplo ponto de vista e de um modo detalhado. Os laboratórios de higiene têm uma função diferente; eles devem responder à seguinte questão: a água utilizada ou proposta para o consumo apresentará todas as qualidades que deve reunir do ponto de vista sanitário?»[44].

5. Conclusões

A laboratorialização da higiene e da saúde pública pretendia garantir uma maior especificidade de actuação do braço social da medicina. A nosso ver, essa onda de reonovação atingiu Portugal na medida em que foi um receptor do que mais avançado se fazia no estrangeiro. A laboratorialização da higiene de modo algum retirou a capacidade de acção da higiene enquanto disciplina científica. Muito pelo contrário; dotou-a de instrumentos que lhe proporcionaram ser mais incisiva na resolução de questões sanitárias.

---

[44] Fr. Schoofs, *Traité d'hygiene pratique*, Paris, Librairie J.-B. Baillière et Fils, 1908, p. 199.

Oswaldo Salaverry Garcia

Universidad Nacional Mayor de San Marcos, Lima, Perú

La materia medica americana y su impacto en la terapéutica europea

Preámbulo

Como Uds. Saben vengo de Perú, un país remoto para muchos de Uds., aún en esta época de viajes y globalización mediática, y digo mediática, pues mucho de lo que se pretende ya globalizado, aun dista mucho de estarlo, por ejemplo, parte de lo que pretendo resumir en esta ponencia se refiere a un aspecto de la actividad sanadora y de la historiografía sanitaria, que se percibe muy diferente en mi país que aquí, en Europa. Si bien trataremos de la materia medica americana, y su impacto en la terapéutica europea, primero debemos distinguir si algo así como «materia medica» era compatible, comparable o siquiera existía entre los conceptos manejados por las grandes culturas americanas, y luego por sus descendientes durante los siglos XVI a XVIII, en que se realiza casi todo el impacto señalado. Debemos considerar si acaso lo que veremos sobre el paulatino y progresivo conocimiento, entendido entonces como descubrimiento, de las plantas de utilidad en América no resulta un artefacto más del «encuentro» de dos culturas. La existencia de una Materia médica americana, – debemos entenderlo así desde el inicio, – es una denominación europea para un conjunto de conocimientos y aplicaciones, en un contexto europeo, de plantas y otros materiales de origen americano; es decir alienándolos de su verdadero contexto.

Veremos que es útil e iluminador considerar los sucesivos intentos de obtener medicamentos a partir de plantas americanas, como una de las formas de un sistema de apropiación colonial, que durante mucho tiempo y en áreas muy grandes, estuvo exento de planificación estatal, y por tanto se efectuó de acuerdo a conceptos populares o al arbitrio de particulares.

Dicho esto, que por cierto no desarrollaré en su aspecto extra sanitario, por no ser motivo de esta exposición, y además exceder largamente mis posibilidades de análisis, esquematizaré lo que voy a exponer, pues un tema tan amplio que merecería una línea propia de investigación de un Departamento Universitario, no puede sino ser solo delineado en esta ocasión.

En primer lugar tocaré aunque sumariamente los primeros contactos entre el universo sanador europeo, visto por sus protagonistas, y el mundo sanador americano, visto también, en la medida de lo posible, por sus protagonistas.

Continuaremos luego con un recuento, no exhaustivo, de los intentos de incorporar, a la medicina oficial u oficiosa europea, los «hallazgos» americanos. Nos detendremos allí brevemente en las posibles causas del itinerario que siguió la materia medica americana, en las fuerzas, todas ellas europeas, que filtraron los conocimientos indígenas y posteriormente también de los criollos[1], para que se incorporaran algunas plantas y otras no. Finalmente compartiremos algunos datos específicos sobre algunas de las plantas que se integraron a la materia medica europea, describiendo lo fundamental de su impacto sanitario.

El encuentro de dos mundos sanitarios

Las ideas médicas en los descubridores y conquistadores:
Condicionantes culturales
Fuentes

Los conceptos populares de la medicina

Sin duda existían enormes diferencias sociales y culturales entre los diversos pueblos americanos y los primeros exploradores europeos, tanto españoles como portugueses que llegaron a América; sin embargo no suele apreciarse suficientemente algunas semejanzas o similitudes: El conocimiento del poder curativo de las plantas era un concepto común entre los primeros exploradores españoles y portugueses de América y de los nativos americanos; sin embargo los conceptos bajo los cuales se interpretaba la acción de estas plantas eran totalmente distintos. Puede parecer evidente, pero la situación es algo más compleja cuando reconocemos que en toda sociedad y en cualquier etapa de su desarrollo coexisten al menos dos medicinas (metodológicamente agrupadas en dos, pues muchos preferirían decir que coexisten múltiples medicinas): Una la oficial, la hegemónicamente establecida y la otra la medicina o medicinas populares, no oficiales o en una sinonimia amplia: Medicina no convencional, medicinas paralelas, medicinas alternativas, etc. Estas medicinas populares pueden divergir entre sí notablemente, siendo en algunos casos, lo único que las une, el común desprecio que sufren de la medicina oficial, que las descalifica con la denominación de charlatanería, o en inglés «quackery». No interesa, para el caso desarrollar este punto, solo señalar que la percepción popular, del hombre común del pueblo, sobre la sanidad, las causas de enfermedad, los remedios, y en general su relación con la salud y la enfermedad se nutre un poco de ambas vertientes, y eso es también cierto para cualquier cultura y en cualquier etapa de su historia.

Porque debe importarnos esta disquisición?, pues porque como lo han demostrado ampliamente diversos estudios, la empresa de la conquista de América fue un desarrollo

---

[1] Criollo es la denominación con que se reconocía al hijo de padres españoles nacido en América. Se extendía también a los que aun no siendo de primera generación americanos, descendían de españoles sin mezcla con indígenas, negros o las variadas «castas» a que dio lugar el mestizaje.

popular, del pueblo, con una escasa o casi nula planificación o dirección estatal. No hubo una institución encargada de los descubrimientos; la corona española se limitó a dar autorizaciones a particulares, quienes, dentro de normativas diversas organizaban las cosas a su mejor entender, y claro con objetivos crematísticos. No existía ni remotamente en la época algo semejante a la investigación científica pura o no aplicada, y en todo caso la Corona no la impulsaría, sino hasta mediados del xvIII, y entonces por motivos económicos y como parte de la dinámica del absolutismo y del inicio de su decadencia.

Consecuencia importante y que se constata en todas las primeras relaciones de Indias, es que los cronistas fueron en su amplia mayoría, y con algunas escasas, pero destacables excepciones, «amateurs», sin la preparación mínima que hubiera resultado de algún tipo de planificación. Sus escritos se pueden situar en la tradición de los «testigos», personajes que participaban en hechos de importancia, y que luego redactaban «Relaciones de sucesos»[2]; pero estos cronistas, aun siendo no profesionales, representan, de alguna manera un subgrupo, dentro del total de actores europeos del proceso de encuentro con América. Los cronistas, son los más cultos, con alguna formación básica o aunque sea con el interés espontáneo por la descripción. La amplia mayoría de los demás actores europeos de la conquista, nunca escribieron nada, y si lo hicieron fue seguramente en cartas personales; pero sin duda lo más frecuente fue el relato oral que transmitido por los que regresaban a España[3] o entre las distintas regiones americanas paulatinamente se fueron perdiendo tanto en América como en Europa; pero dejándonos lo que podemos llamar una percepción popular de la medicina y por tanto de la terapéutica americana.

En esa visión, que desconocemos y que nos debe hacer recordar siempre nuestras limitaciones al ver el pasado a través del filtro de lo que nos es asequible, está probablemente no solo lo más enriquecedor del contacto cultural, de pueblo a pueblo, sino que también a través de la interacción que realizaron desde el inicio con la metrópoli y con los delegados, luego autoridades delegadas, peninsulares, signaron, lo que seria el intercambio terapéutico y su sentido.

Reiteremos pues, los primeros descubridores y conquistadores, pero no los que las dirigían sino esa amplia pero anónima mayoría que los acompañó, fue la que llevó el peso del proceso, fueron los que tuvieron los primeros contactos con los nativos americanos, y los que en el día a día conocieron su medicina, su terapéutica y además la utilizaron; pero ellos, como cualquier persona tenían un esquema mental formado por ideas, prejuicios y conocimientos diversos sobre la enfermedad; y un concepto preformado de lo que podía ser curativo y porque. Eso les venia de ambas fuentes, de la medicina oficial y de la que no lo era; en ambos caso fragmentaria, incompleta, desarticulada.

---

[2] Ver una amplia relación bibliográfica de estas en Agullo y Cobo, Mercedes. «Relaciones de sucesos. I: Años 1477-1619», 1966, Madrid, csic.

[3] La denominación común dada, en España, a los Españoles que regresaban a la península, generalmente en la vejez, y con cierta riqueza, era «Indianos»; sin embargo también fue común la expresión «Perulero» para los que regresaban de Perú, generalmente muy ricos.

Similar análisis se puede realizar en el área de los nativos, sobretodo en las grandes culturas americanas. Es ampliamente conocido que estaban muy estratificadas con una religión oficial, y una medicina oficial, cuyos practicantes pertenecían a un estrato privilegiado; pero también existía el pueblo llano, el que al igual que el europeo mezclaba las tradiciones populares con la medicina oficial. Y he aquí el punto al cual quiero llegar. El contacto real entre las concepciones medicas europeas y las americanas fue en el campo de las medicinas populares, las no oficiales. Entre el sanador de los estratos inferiores americano y el empírico o «curioso» europeo. Pese a ello, ese es el factor que menos se considera cuando investigamos sobre la materia medica americana o los cambios en la terapéutica europea.

Las razones de este encuentro de medicinas y creencias populares, esta dada por un lado por la composición y origen de los conquistadores y primeros inmigrantes a Indias, y por el otro lado por la sistemática ruina del sistema social americano, al menos en las grandes culturas mesoamericana y andina. El descubridor y conquistador, se ha señalado múltiples veces, como un continuador del espíritu de reconquista español, que reemplaza al moro por el «indio», pero esa es una simplificación exagerada, que como todas las simplificaciones extremas solo sirve para rotular crónicas superficiales y ponerse al servicio de otros intereses no históricos. La realidad es mucho más compleja, y en el caso del peninsular, engloba migraciones internas de la península, la crisis de un sistema gremialista que asfixiaba la economía ibérica y una voluntad de expansión muy diferente a la que ocurrió en la parte norte del continente. Allí hubo un trasvase de gente diversa que huía de persecuciones religiosas devenidas en políticas (o viceversa), y buscaban crear un «nuevo mundo». Fue muy diferente en la América hispana y lusa; no solo no hubo jamás voluntad de rompimiento con las tradiciones peninsulares sino que se trató de trasplantar el modelo casi desde los inicios: crear un «nuevo viejo mundo».

Los primeros conquistadores no eran pues una comunidad que huía, eran un sector de la comunidad, los más audaces, los de vocación aventurera, acompañados casi desde el inicio por aquellos que tenían una misión trascendental auto-impuesta: los religiosos y la evangelización. Un subgrupo que no englobaba a profesionales, ni a artesanos, ya cómodamente instalados en la patria y sin interés en correr aventuras; paradójicamente si hubieron, casi desde el inicio, leguleyos o personas realmente versadas en leyes; pues donde hay mucho que repartir siempre habrá lugar para un pleito. No vinieron pues acompañados de médicos, cirujanos, farmacéuticos, exponentes todos de la doctrina oficial de la medicina de la época, pero todos vinieron con sus conceptos o percepciones de ella; y armados con ellas cribaron, filtraron lo que veían y lo interpretaron, pero además con una doble criba, la primera, la más evidente, la de sus conceptos sanitarios y terapéuticos, pero la segunda y en muchos casos la más importante, por sus implicaciones económicas, la que les daba los anteojos de la utilidad o beneficio que podían reportar sus observaciones. Ante un mundo totalmente diferente en patrones sociales, lenguas, cosmología y naturaleza, lo que se puede «ver» y no simplemente «mirar» tiene que cumplir algunos criterios de selección o quedar abrumados. En el caso de los descubridores, el criterio era claro, todo aquello que contribuyera a su consolidación en las nuevas tierras y a obtener beneficio de ellas.

En la parte americana de este encuentro, la realidad no era menos compleja. Tanto el imperio azteca como el Imperio Incaico eran, como su nombre lo dice, Imperios, es decir comunidades construidas sobre la base de la conquista, y en las cuales por tanto existían vencedores y vencidos. Pero a diferencia de lo que había ocurrido en la península, en que el factor religioso había conducido a la expulsión de los judíos y en poco tiempo a la expulsión de los moriscos; en los Imperios americanos el vencido se había integrado y permanecía como vasallo, cierto que en diferentes condiciones si tratamos el área mesoamericana, donde la dominación se mantenía a sangre, y la andina, donde desde los métodos de conquista, que mas se semejaban a una seducción de las clases dirigentes apoyada en una abrumadora fuerza militar, daba muchos menos resentimientos posteriores.

Lo cierto es que los interlocutores en este diálogo de pueblos y conocimientos populares, en un inicio fueron probablemente los pertenecientes a las clases privilegiadas, pero por el casi inmediato conflicto que se presentó, este contacto no continuó, y en el largo y sangriento período inmediato el contacto se mantuvo pero entre los europeos y sus recién hallados aliados americanos: tribus, etnias o grupos que estaban dominados por los grandes imperios y que se unieron al extranjero para luchar contra Aztecas e Incas. Naturalmente no nos interesa, para efectos de nuestra discusión esos detalles, ni la importancia capital que tuvieron esas alianzas para la conquista del territorio americano, pero si nos interesa tener presente que esos grupos vencidos y por ello aliados de los europeos ante el enemigo común también compartían los conceptos «oficiales» y los populares de la medicina americana; así como la cosmogonía subyacente, al menos algunos de ellos, pero en cambio otros, como vencidos que eran, solo tenían acceso a la medicina popular o en todo caso de segunda clase que se suele disponer para los vencidos en un contexto de conquista imperial. Con ellos se realizó el contacto, lo cual ya introduce un sesgo, en el tipo de conocimientos que pudieron observar con detalle los europeos. Pero aún más decisivo para efectos de la transmisión del conocimiento sanitario americano, debemos recordar aquí la gran mortalidad causada por las nuevas patologías importadas a América por los europeos y que diezmaron a la población en contacto. Recuérdese tan solo como ejemplo la huida de Hernando Cortés, el conquistador de México, de Tenochticlan, la capital del Imperio, cuando los aztecas se dan cuenta que no son los hijos de Quetzacoal, la serpiente emplumada, y por tanto deciden eliminarlos. La relación de los participantes en esa huida, desde el centro de una ciudad enorme, más grande que cualquiera de las ciudades europeas de la época, a excepción de Londres y Paris, nos habla de una huida por la noche, llevando sus armas y todo el oro que podían cargar, y que al abandonar la ciudad por todas partes escuchaban los lamentos de la muerte que se cebaba en toda la población. El principal general de la conquista europea fue el «General Epidemia», parafraseando sobre lo que se dice del General Invierno, en las guerras napoleónicas contra Rusia. En muchos casos las enfermedades no solo actuaban durante la invasión, sino que, como en el caso de los Incas, se anticipaban a la llegada de los Españoles y de alguna manera les preparaban el terreno. Recuérdese que el Inca Huayna Cápac muere, aparentemente de Viruela en el norte del Imperio y el problema sucesorio que dejo entre Huascar y Atahualpa, los dos hijos suyos, pero pertenecientes por el lado materno a distintas etnias, fue uno de los factores que mas influyo en la guerra civil incaica, que coincidió con la llegada de los europeos y en gran parte explica su fácil victoria. Una revisión en detalle y de su impacto en la resistencia, sobretodo moral, de los pueblos americanos, se puede observar en la línea de estudios conocida como «la visión de los vencidos» iniciada en México en los años 50 y que luego ha tenido exponentes, aunque menores también en el mundo andino.

La mortalidad masiva sin embargo ocurrió en las principales concentraciones humanas y naturalmente se inició con los pertenecientes a las clases gobernantes, aquellos a los que les correspondió el contacto. De la parte americana pues debemos señalar que prácticamente todos los poseedores de la interpretación de la acción sanadora, aquellos que detentaban los conceptos y no solo ejercían sus rituales, desaparecieron. Algunos, la mayoría tal vez, por pertenecer, en función de su propio rango a la clase gobernante o noble, que a su vez fue la que diezmó con mayor eficacia la doble guadaña de las nuevas enfermedades y los avatares de una conquista sangrienta, como todas las conquistas.

El panorama se completa así, como un encuentro de dos culturas sanitarias populares, con una epidérmica cultura sanitaria oficial europea en las principales ciudades virreinales y la desaparición y persecución de la medicina oficial precolombina. Según vaya avanzando la consolidación colonial, la medicina oficial europea se instalará cómodamente en sus variantes mas conservadoras y hasta retrógradas, pero con un vasto territorio alrededor, en el cual la medicina oficial jamás tuvo influencia alguna, y continuó sin tenerla hasta épocas tan tardías como las inmediatas posteriores a la independencia, ya en el siglo xix.

La visión popular: lo útil y lo necesario

Para efectos de lo que estamos tratando, la apropiación de un conocimiento americano y la creación de una materia médica americana, nos interesa la mentalidad popular del conquistador; Pero ¿donde podemos encontrar esta visión «original» de los conquistadores?, ¿Han dejado huellas útiles para el historiador actual?, lamentablemente muy pocas. Una pequeña parte de ellas en la correspondencia que remitieron a sus parientes, y de ella la que se uso posteriormente para demostrar ante el Consejo de Indias, motivos que permitieran obtener el permiso de embarque a las colonias. Allí entre múltiples historias personales, existen pequeñas noticias sobre la visión popular de la medicina nativa, de sus sanadores; no sesgada por conocimientos oficiales, canónicos, de la medicina galénica arabizada medieval, sino con la espontaneidad de un simple usuario, cuando no paciente, en el sentido más propio de la palabra, de la medicina oficial.

Los primeros contactos populares

En las primeras cartas de emigrantes a Indias que publicara Otte[4] se puede notar el verdadero contacto entre la medicina popular ibérica y la americana. Del total de 650 cartas, que corresponden al periodo entre 1540 y 1616, solo una corresponde a un

---

[4] Otte, Enrique.; con la colaboración de Guadalupe Albi. «Cartas privadas de emigrantes a Indias, 1540-1616.» Consejería de Cultura, Junta de Andalucía: Escuela de Estudios Hispano Americanos de Sevilla. Sevilla, 1988.

profesional médico, y por tanto el conjunto si representa adecuadamente la percepción del hombre simple frente a una realidad que lo abruma y a la cual solo puede enfrentarse con sus esquemas mentales, no estando preparado para «comprender», pues en realidad esta preocupado en primer lugar en «entender» para sobrevivir.

Desde lo primeros viajeros se conocía un conjunto variado de molestias o enfermedades que afectaban a los recién llegados y que popularmente se conocían como la «chapetonada», y que constituía un verdadero riesgo, pues se refiere que causaba una mortalidad que, en algunos casos, llegaba al tercio de los viajeros. Cierto es que en ese porcentaje se incluían también las muertes ocurridas durante o a consecuencia del viaje, el cual no solo era penoso sino que por las condiciones en que se hacia y la nula o casi nula presencia de médicos se convertía en una suerte de ruleta rusa.[5]

En esos primeros contactos es notoria la presencia de sanadores nativos, que no solo actuaban como médicos sino simultáneamente como cirujanos según las categorías europeas, pero que no tenían sentido en América donde el oficio de sanador no diferenciaba entre aquellos que solo elucubraban, como los médicos europeos, los que actuaban sobre el cuerpo, como los cirujanos y barberos y aquellos que conocían y preparaban los medicamentos o boticarios. El sanador americano era todo eso al mismo tiempo, y así se evidencia cuando para curar de unas «fiebres», no solo «diagnosticaban» el tipo de enfermedad, en categorías que casi completamente desconocemos, y daban un régimen dietético, sino que preparaban el tratamiento con hierbas que ellos mismos conocían y sabían como preparar, en un equivalente a la conjunción aun muy lejana en Europa a un medico-cirujano con amplios conocimientos farmacéuticos.

Es lamentable que no dispongamos de mejores fuentes para poder conocer como era esa medicina americana, pero podemos asumir que al menos en todos lo territorios nuevos y durante todo el siglo XVI, y gran parte del XVII el sistema íntegro de sanidad era de carácter popular, no oficial y descansaba mayoritariamente en los sanadores nativos, que representaban el conocimiento sistematizado, al cual se añadían las practicas supersticiosas de los europeos, que sin embargo en el discurso de vencedores es hipertrofiada en los relatos de cronistas y por una historiografía hispanista innecesariamente polarizada. Mientras que los sanadores nativos actuaban de un modo organizado y coherente con los principios cosmológicos que los sustentaban pero además amparados en la experiencia practica y ancestral, los europeos recurrían a practicas tan poco efectivas como los ensalmos, y cuando eventualmente el paciente se recuperaba, seguramente por obra del azar, lo destacaban extraordinariamente al tiempo que silencian la cotidianeidad con que sus afecciones fueron solo atendidas por los nativos.

---

[5] Aunque no son necesariamente fiables, los comentarios de los viajeros, algunos refieren que la escasez de médicos que quisieran realizar el viaje en los barcos obligaba a pagarles sumas exorbitantes, tanto como diez mil pesos por viaje. Estas cifras se condicen con lo que solían ganar ya en tierra, pues como refiere Bernal Díaz del Castillo, con Cortés y sus tropas, fue un barbero: Maestre Juan, que «curaba algunas malas heridas y se igualaba por la cura a excesivos precios con un médico que se decía Murcia, que era boticario y también curaba» según Bernal, las deudas fueron tan grandes que pese al cuantioso botín que recibieron, algunos no podían ni con todo lo recibido pagar lo que adeudaban. Cortés, ante esta situación decidió cortar por lo sano e hizo «borrón y cuenta nueva». Ver Pérez de Barradas, José. 1957. Plantas mágicas americanas. Consejo Superior de Investigaciones Científicas. Instituto Bernardino de Sahagun

La atención medica oficial además de escasa y tardía solo llegaba a las principales ciudades; así en todo el corpus de cartas a que hemos hecho referencia, solo se menciona una vez un hospital, en Lima y tan solo para indicar que se llevo allí un español enfermo que al poco tiempo murió, pues solo para eso podían servir por las limitaciones de la época y su rechazo «oficial» a la medicina de los vencidos.

Si algo debe destacarse en esta época de la terapéutica es que toda la farmacopea indiana fue muy útil para las enfermedades de los conquistadores, para sus heridas y también de sus cabalgaduras, pero en cambio la terapéutica europea que llegaba a aquellos que podían pagarla (solo europeos por supuesto) no tuvo otro impacto que crear fortunas rápidas entre aquellos que hacían el viaje con algún conocimiento medico o quirúrgico, o que en todo caso así lo pretendían. Es frecuente que en las cartas de los primeros indianos se aconseje a cualquier pariente barbero o con estudios médicos que se embarque por que en América podría hacer fortuna rápidamente.

La eficacia de la medicina americana no podía ser utilizada por los conquistadores para conseguir dinero, pues era patrimonio de los sanadores que reconocían las enfermedades y conocían las propiedades de las plantas que usaban en la terapéutica. La materia medica en cambio era susceptible, al menos en teoría de ser rentabilizada. Los primeros intentos de utilizar los recursos naturales americanos para Europa, estuvieron teñidos de la mentalidad galénica y afán mercantilista, se envía lo que se supone valioso para la medicina europea sin reparar en lo que era efectivo pero no conocido. Así un medico, Juan de Godoy envía 130 piedras bezoares, que «*en España valen dineros para muchas cosas como allá se sabrá de los médicos*». Otro, en este caso no medico, también con el mismo afán mercantil, envía a su mujer 12 quintales de cañafístula y recomienda «*si al presente no valiere a buen precio, no la vendáis, sino guardarla, porque me dicen que ha de valer a 130 ducados el quintal*» una verdadera fortuna. Un tercer indiano, más ingenuo tal vez, pero ciertamente más consciente de las nuevas plantas medicinales que no tienen correlato en Europa envía «*no se que yerbas o no se que palos que por acá hay, los cuales son muy apropiados para muchas enfermedades*».[6]

Sin duda el problema de la incorporación de los medicamentos americanos, pasaba por un reconocimiento de sus propiedades, de una mentalidad que superando la doctrina de las cualidades galénicas fuera mas pragmática, solo así se crearía un mercado para ellas en Europa, entretanto aunque se conociera la efectividad de los sanadores americanos estos estaban aislados y su terapéutica no estaba al alcance de Europa. El paralelo desmoronamiento violento de sus sistemas sociales dio lugar a un doble fenómeno que impidió que la enorme riqueza terapéutica americana pudiera incorporarse a la medicina occidental. Por una parte los europeos que podían, con un esfuerzo mental, comprender las propiedades y usos de la terapéutica americana no se desprendían de su mentalidad galénica sino hasta finales del XVIII, tanto en España como en Portugal; y por otro lado la destrucción de las sociedades nativas y su reemplazo por un régimen colonial, convirtió, la que en su momento fue una medicina oficial precolombina, debidamente valorada y protegida, en una actividad furtiva y perseguida tanto por los inquisidores como por los extirpadores de idolatrías, convirtiéndose en una medicina ni siquiera marginal, sino desapareciendo como corpus coherente de

---

[6] Otte. *ob. cit.*

conocimientos y tórnase en un conjunto disperso de practicas desconectadas de la cosmología y antropología en la que se había originado.

Observamos pues como de ese encuentro de medicinas populares nace la doble vertiente de la medicina oficial y la popular que hasta hoy sigue actuando en los países latinoamericanos. Una impuesta y mantenida por su vinculación a la esfera de lo oficial, que a su vez connota «bueno», y la otra naciendo de la persecución y destrucción, refugiándose en el mestizaje como disfraz y única alternativa de supervivencia. Nace también la mitología acerca de las propiedades extraordinarias de las plantas «secretas», la mitología de una farmacopea cercana a la panacea, pero asequible solo en el rito de lo no oficial, que pronto deviene en lo esotérico u oculto.

Mas cercano a nuestro intento de análisis, observamos como se genera en los comerciantes peninsulares y luego en los criollos una doble racionalidad, la de lo útil y la de lo necesario. Útil es lo que tiene valor de cambio, puede ser comercializado y rentabilizado, la farmacopea europea tradicional, servida por sus sucedáneos americanos o equivalentes; y la otra, la esfera de lo necesario signada por aquello que su cotidianeidad les muestra como efectivo para la supervivencia pero que por las razones de tratarse de parte de un universo mental indígena no puede ser abordado, la medicina americana, que aunque despojada de su motor de desarrollo deja magníficos restos que son ampliamente utilizados localmente en los sanadores nativos y en diversas plantas que jamás llegan a conocerse y menos comercializarse en Europa.

La medicina oficial

Llamamos Medicina Oficial, y por extensión materia medica oficial a aquella que, bien es utilizada por los sanadores oficiales (entiéndase autorizados), o figura, aun sin utilizarse sino en pequeña escala, en las informaciones de cronistas o viajeros y que son de uso común entre los naturalistas e intelectuales de la época. Dentro de esa área debemos acotar periodos muy diferenciados. El primero, al cual podemos seguir denominando según la terminología usual: la etapa de las descripciones de plantas medicinales en los cronistas; el segundo, el de las expediciones científicas ilustradas de fines del XVIII, que indicaban el interés oficial de la Corona Española pero que fueron realizadas al empuje de expediciones coloniales de las otras potencias coloniales, Inglaterra, Francia y Holanda.

El primer período lo ubicamos temporalmente en el XVI, y por tanto debemos detenernos en la mentalidad médica oficial de la época; como tampoco era uniforme, tomáramos como referente la mentalidad oficial de Nicolás Monardes. Como es bien sabido Monardes es un médico sevillano, nacido aproximadamente en 1510, que jamás viajó a América, pero comerció con plantas medicinales, observando y pidiendo información sobre todas ellas. Su obra *«La Historia medicinal de las cosas que se traen de nuestras Indias Occidentales»* publicada en tres partes, la primera en 1565, la segunda en 1571 y la tercera, incluyendo a las dos primeras en 1574, fue la que, al difundirse por las traducciones de Clusius difundió mas que cualquier otra la nueva materia medica en toda Europa. Su contacto con los Fugger, poseedores del monopolio del guayaco, el específico contra la sífilis, se realizo precisamente a través del médico y botánico Flamenco Charles de l'Escluse, conocido por su nombre latinizado Carolus

Clusius, quien al traducir las obras de Monardes al latín les dio difusión continental. Ya desde 1551, Monardes que había demostrado inclinación hacia los negocios se orienta al comercio ultramarino; parece claro que no solo negociaba con especias, plantas medicinales sino también esclavos, pero esos aspectos de su biografía no nos interesan, sino su mentalidad medica, pues fue a través de el como se conoció en toda Europa la materia médica americana.

Podemos considerar a Monardes como un representante del galenismo humanista, que reaccionando contra el galenismo arabizado predominante en la península, que ya había recibido ataques de otros médicos renacentistas, postulaba una vuelta a los clásicos, especialmente, en el campo de la farmacopea, a Dioscórides. Galénico al fin cuando describe las plantas americanas lo hace indicando en cada caso la «complexión», «temperatura» y «temperamento» de cada planta y deducía de ello su capacidad curativa, también al modo galénico, con su clasificación de enfermedades de acuerdo a la «calidad» de la enfermedad y la «complexión» del enfermo. Destacaba el lugar de la «experiencia», pero al modo renacentista, es decir aquella que ya no la consideraba solo como «práctica» en la realidad, sino comprobación personal y directa de los hechos. Lo que aplicado a las nuevas medicinas casi le lleva, a opinión de López Piñero, al concepto de progreso. Se encuentra también en Monardes, observador privilegiado en acceso y en perspectiva, una valoración de la medicina indígena que podría, de haberse desarrollado, conducido a una historia totalmente diferente de la materia medica y de la medicina americana.

Dice Monardes respecto a la medicina nativa:

> «Tanto género de medicinas como los indios venden en sus mercados o 'tianges', sería cosa de grande utilidad y provecho ver y saber sus propiedades y experimentar sus varios y grandes efectos, los cuales los indios publican y manifiestan con grandes experiencias que ente sí dellas tienen».

El segundo período que debemos reseñar es el de la medicina española del XVIII, pero antes de dar un esbozo, tenemos que señalar que pese a que la Medicina Europea había evolucionado notablemente, en España no ocurrió así. La Medicina española del XVIII aun no había adoptado sino parcialmente los avances y nuevos conceptos. El periodo ilustrado, centrado sobretodo en el reinado de Carlos III, realizó reformas que buscaban institucionalizar la ciencia, pero sus resultados no tuvieron continuidad, la posterior invasión francesa, y después la restauración llevaron al fracaso toda la política científica de la segunda mitad del XVIII, pero si esto ocurrió es porque internamente existían poderosas fuerzas conservadoras.

Veamos que había ocurrido con la medicina durante el XVII y había conformado el XVIII. Especialmente en referencia a la materia medica. El galenismo arabizado había recibido primero el embate de los humanistas renacentistas, devenidos en los ya señalados galenistas humanistas; pero luego había ocurrido, ya en el XVII la des-sustanciación de la especie morbosa con la obra de Sydenham, continuada por Boerhaave, y con desarrollos en Cullen, Stahl y otras figuras destacadas. Aunque variaban profundamente el concepto de enfermedad preparando el camino hacia la medicina del XIX, en el aspecto farmacológico los cambios no fueron espectaculares, lo más importante fue que se desterró las absurdas discusiones entre la aplicación de los conceptos galénicos a los simples y su comprobada acción que dio lugar, como veremos después, a no usar por ejemplo la Quina porque aunque era demostradamente efectiva contra las fiebres, según su «calidad», es decir teóricamente, no debía ser efectiva contra ellas. La situación absurda se semejaba a cuando se usaba la Anatomía galénica como artículo de fé y luego al disecar y encontrar una discrepancia en el cadáver con lo que indicaba Galeno, se decía que el cadáver estaba equivocado. Sin embargo en los siglos XVII y XVIII no hubo notables incorporaciones a la materia médica, ni tampoco variaciones notables sobre la interpretación de su acción.

Sin duda el principal cambio fue que, al no ceñirse a la determinación de sus cualidades para determinar su uso, se tuvo una nueva mirada sobre los mismos medicamentos. Esa es la mentalidad imperante entre la elite ilustrada española y criolla americana en el XVIII, pero debemos recordar que, sobretodo en la península, fue una minoría muy frágil, poco institucionalizada y que medró solo al amparo de los Borbones Ilustrados, principalmente Carlos III y en menor grado Carlos IV; por lo tanto su acción no tuvo continuidad, y los frutos de las expediciones defines del XVIII, fueron, paradójicamente, a beneficiar a las otras potencias europeas a las cuales se intentó contrarrestar con esas mismas expediciones.

Las primeras noticias de la materia medica americana

La primera etapa del conocimiento de las plantas americanas de uso medico, la observamos en las fuentes colombinas, pero debe señalarse aquí lo que es ampliamente conocido, que Cristóbal Colón fue un gran propagandista de sí mismo, y que todos sus escritos iban en esa dirección, en segundo lugar que su interés en toda la expedición siempre fue económico y por tanto cree ver lo que buscaba, es decir especias.[7] Su interés en la materia medica era mínimo y en todo caso solo como parte de su estrategia en describir las riquezas a una corona reacia a dar recursos que no generen inmediatos beneficios tangibles en oro o valiosas mercancías. Una Corona finalmente desagradecida. En tercer lugar, existen otras fuentes denominadas colombinas pero que no son de mano del Almirante, entre ellas la carta de Chanca al cabildo de Sevilla[8], también es evidente la intención de rápida rentabilización de los productos americanos.[9] Como

---

[7] La mas conocida de sus interesadas confusiones es la de la pimienta, denominación que mantiene hasta su ultimo viaje en que ya reconoce que es una planta diferente y le da su nombre autóctono «axi». Pero aun en ese momento no puede con su vocación de promotor de entusiasmos y dice: «también hay mucho axí, qu'es su pimienta, d'ella que vale mas que pimienta, y toda la gente no come sin ella, que la halla muy sana, puédense cargar cincuenta carabelas cada años en aquella Española» Citado en Pardo Tomás, José y López Terrada, María Luz. 1993, *ob. cit.,* pág. 45.

[8] El Doctor Chanca viaja con Colon en el segundo viaje, el mejor dotado por la corona, con el cargo específico de Medico de la expedición, era integrante de la Real Cámara, pero solo deja un escrito, aparentemente con intención de que sea publicado: una carta dirigida al Ayuntamiento de Sevilla, de donde se sacan todas las informaciones.

[9] Chanca además de ser el primer médico que realiza una descripción profesional de América, destaca por que fue el primero que a su regreso establece una empresa para comerciar con América que le reportó una fortuna.

veremos esa es la razón por la cual la materia medica americana oficial, se interesó según una clasificación, que utilizaremos más adelante y ya ensayada por Pardo Tomas y López Terrada, por las «viejas plantas medicinales» y «Los nuevos remedios viejos»; más que por «Las nuevas medicinas».

El aspecto mercantilista fue determinante desde los inicios de la ocupación geográfica americana y por tanto no se prestó atención oficial a los medicamentos nativos ni a las practicas sanadoras en tanto no eran rentalizables, y se sumieron así en un uso y consumo local por razones prácticas, de mayor eficiencia y cercanía, pero sin ingresar sino muy tardíamente en la medicina oficial. Los primeros observadores, a los cuales se puede aplicar la máxima Goethiana de «solo vemos lo que conocemos» vieron y encontraron plantas medicinales europeas, y en segundo lugar plantas de igual actividad, pero nunca estuvieron en capacidad de absorber la verdadera materia medica americana, tarea a la que ahora se dedican con interesado entusiasmo las grandes corporaciones farmacéuticas. Solo que con la desventaja de haber transcurrido siglos que hicieron perder casi todo el conocimiento racional que se tenia de ellas restando solo vestigios mínimos en las practicas folclóricas que en su amplísima mayoría son practicas mestizas y ya no guardan ninguna relación con las practicas curativas originales.

Las plantas americanas, de uso medicinal, que corresponden a la etapa colombina son solo tres de las cuales solo una, el tabaco mantendría cierto uso continuo, las otras dos se perdieron para la materia medica europea por no encontrarse una forma de integrarse en el esquema galénico arabizado en que se encontraba España a fines del xv.

La descripción del tabaco hecha por el Almirante, en el diario de su primer viaje fue probablemente la primera descripción e introdujo el error de denominación al dar el nombre del utensilio para aspirar el tabaco como nombre de la planta. Luego se descubriría su amplia difusión y los distintos nombres que tenía según la zona geográfica.[10] Aunque luego tendría muchísimos detractores y defensores en la llamada polémica del tabaco y su uso medicinal, si fue utilizado en forma practica como medicamento durante el xvi en diversas formas, una vez mas asimilando modos de obrar y conceptos populares de la medicina galénica en la practica con otras enfermedades, con otra farmacopea y en otras condiciones de actuación. Mas adelante nos detendremos un poco mas en este punto; pero ya que hemos introducido el tema de las denominaciones señalaremos que no es problema menor, sino por el contrario, fundamental y causa de que a pesar de la abundancia de trabajos sobre la descripción de materia medica americana el tema diste mucho de estar completamente conocido.

Al respecto me limitare a una cita de esta vasta bibliografía:

> *«La cuestión terminológica es, si duda, el problema esencial. Los autores partieron de unos términos castellanos que habitualmente se usaban para designar determinadas especies, determinados simples o determinados remedios de uso común en la medicina española de la época y no siempre diferenciaron con claridad entre un producto extraído de determinadas plantas y el nombre concreto de estas, o entre una denominación popular y otra más técnica, referidas a un mismo simple. Para complicar aún más estas confusiones terminológicas, las denominaciones latinas, procedentes del mundo de los boticarios y herbolarios*

---

[10] Pixet, parece el más común.

más que de la esfera puramente médica, surgen a veces en los textos, y no siempre con la precisión que sería deseable. Por ejemplo cuando Oviedo hablaba de la Cataputia mayor, estaba empleando una denominación latina transcrita sin mas a la ortografía castellana, tomada de la jerga de los boticarios y que estos emplearon para designar al ricino común (Ricinus officinalis L.), pero el nombre de ricino no aparece en la obra, sino que habla en todo momento de 'higueras del infierno', que es una denominación popular de tal planta, aunque aquí se este empleando para designar una especie botánica americana distinta, probablemente la euforbiácea Jatropha curcas L.»[11]

Como vemos la confusión incorporada, precisamente por que los cronistas y descriptores no eran profesionales es mayúscula y complica extremadamente la definición de que plantas americanas eran utilizadas efectivamente como medicamentos, y cuales se incorporan finalmente a la materia medica europea.

La otra planta de acción medicinal que describe es la cohoba, la cual no pudo incorporarse en la materia medica europea y una resina medicinal de la que hablaremos luego.

Los usos terapéuticos americanos

Un ejemplo notable del sincretismo terapéutico de los europeos lo tenemos en a descripción que hace Bernardo de Vargas Machuca, de las curas realizadas en el sur del virreinato del Perú, en lo que hoy es Chile, en su libro *«Milicia y descripción de Indias»*.

Vargas Machuca, no es un cronista, no tiene interés particular en la flora o fauna, ni tampoco en la medicina o terapéutica, es un soldado y por tanto lo que le preocupa es la tropa. Su descripción de las practicas terapéuticas es iluminadora. Para las heridas simples, es decir las producidas por armas *«sin veneno»*, *«se quemaban con bálsamo, sebo o aceite»*; pero si eran profundas y originaban hemorragias se hacia una masa con harina de maíz tostado, pólvora, sal y ceniza, la que se colocaba dentro de la herida y se vendaba luego. Señala también que se usaba tabaco verde machacado. *«Y si cayera pasmo en la tal herida la foguearan...»* *«y si el tal pasmo siguiera delante, el enfermo beberá azufre molido, una cucharada en miel, vino, chicha o en un huevo.»*[12].

Que observamos; pues que desde una perspectiva popular, práctica, sin médicos oficiales, sigue actuando la mentalidad galénica en su versión medieval. Existen armas con veneno y sin él; pero no se refieren a los venenos, que por cierto en flechas y dardos fueron una de las pocas armas eficaces que dispusieron los americanos, sino que las heridas de arma de fuego, eran consideradas también envenenadas, en este caso por pólvora. La cura inicial era con principios europeos, aunque probablemente alguno ya de origen americano: bálsamo, sebo o aceite. El bálsamo como lo detallaremos mas adelante era un medicamento totalmente americano, pero que encajó, en una categoría

---

[11] Pardo Tomás, José. López Terrada, María Luz. 1993. Las primeras noticias sobre plantas americanas en las relaciones de viajes y crónicas de Indias, (1493-1553), Valencia, pág. 197.

[12] Pérez de Barradas, José. Plantas mágicas americanas. 1957. CSIC, Madrid, págs. 5-6.

de la materia médica europea y por tanto no se considera un nuevo medicamento; solo un origen diferente, pero como veremos luego, ese es otro artefacto de la mirada. La ínter cambiabilidad entre sebo y aceite seguramente apuntaba a la dificultad de conseguir aceite en las empresas conquistadoras, en cambio el sebo, pero no de res ni cordero, sino de camélidos americanos: llamas o alpacas, era de muy fácil adquisición en todo el mundo andino. Un reemplazo no estricto, pero practico.

Es más notable lo mencionado sobre el tratamiento cuando la herida era más grave o hemorrágica, entonces se usaba el concepto medieval del principio galénico del envenenamiento y la practica quirúrgica en boga de introducir una masa medicamentosa en la herida, vendarla y dejar actuar los principios de curación del envenenamiento además de realizar una empírica contención mecánica de la hemorragia. Pero en este caso la masa medicamentosa es una extraordinaria muestra de sincretismo terapéutico: se usa harina de maíz tostado, un producto exclusivamente americano, mezclado con pólvora, de origen europeo, y sal y ceniza, asequibles en ambos continentes. Señala pues una alternativa terapéutica totalmente americana, basada en moldes europeos. Debemos tener en cuenta que es descrita en Chile, a miles de kilómetros del caribe; el uso del tabaco verde machacado. El tabaco pues es una de las plantas americanas, que de mano de los soldados mas rápidamente se incorpora al arsenal terapéutico popular. En la metrópoli hay un largo proceso para su difusión y uso; largas discusiones para determinar sus propiedades (finalmente se asimilan como de cualidad caliente en el modo galénico, y por tanto utilizable en enfermedades frías), pero en América se convierte rápidamente en un producto terapéutico común.

Otro detalle ilustrativo es la intercambiabilidad que se introduce entre el uso del vino y la chicha, producto de la fermentación del maíz en cualquiera de sus variedades y que da lugar a distintos tipos de chicha, pero que en todo caso se refiere a lo que sería en una clasificación de bebidas alcohólicas como semejante a una cerveza.

La materia medica americana

Debemos recordar que la medicina oficial peninsular era a fines del xv y durante casi todo el xvi, una fiel seguidora del galenismo arabizado medieval, y pese a que el Renacimiento había desarrollado una nueva mirada regresando al hipocratismo en sus fuentes, el tradicionalismo de la Universidad Española no dejaba lugar a estas corrientes. Esto tiene importancia capital en la descripción de la materia medica que se buscó y que se obtuvo de las «Indias».

Los problemas sanitarios que se enfrentaban, determinaban, cribados por la terapéutica oficial en cada caso, el ámbito de los medicamentos de posible rentabilidad. Aunque sin entrar en el problema de jerarquizar la problemática de salud publica de la época podemos identificar las causas de mortalidad más importantes. En primer lugar las enfermedades infecciosas, sea en su forma endémica como epidémica; en segundo lugar las heridas sean de origen bélico o no. En tercer lugar los Síndromes generales, expresión de diversos padecimientos o enfermedades que la medicina de la época aun no identificaba como entidades nosologías individuales, tales como fiebres, hidropesía y similares.

De acuerdo al uso de la materia médica americana en Europa, una clasificación útil es la de Pardo Tomás y López Terrada, que las divide en
- Las viejas plantas medicinales
- Los nuevos remedios viejos
- Los nuevos medicamentos

Veamos algún detalle

Las viejas plantas medicinales

Al llegar a América se creyó ver desde el inicio las mismas plantas que en Europa, muestra de eso es hasta el título de un capítulo de Historia General de Oviedo: «*de las yerbas que ay en esta isla española que son como las de España: las quales aca son naturales desta tierra*». Una revisión cuantitativa de las descripciones de plantas medicinales de Indias nos muestra que más de la mitad eran plantas que supuestamente existían en Europa, y se encontraban también en América; la realidad es que en la mayoría de los casos eran confusiones producto de la escasa preparación botánica de los Cronistas y también de su afán de ver cosas útiles para rentabilizar. En otros casos efectivamente se trata de especies cosmopolitas que tienen representantes americanos y europeos. Al no tratarse de nuevos medicamentos, y además ser plantas de relativo poco valor terapéutico solo mencionaremos algunas.

El cronista que mas plantas medicinales describe es sin duda Fernández de Oviedo, que alcanza 32 plantas medicinales[13], de las cuales 20 solo las describe él, y a ese número debe añadirse dos plantas no descritas por Oviedo ni por otro cronista mas que López de Gomara, quien como se sabe es un cronista a partir de noticias que le llegan a diferencia de Oviedo que si estuvo en América.

Especie	Descrita por:
Bledo	Oviedo y otros
Helecho	Oviedo y otros
Hierbas de mar	Oviedo y otros
Junco	Oviedo y otros
Zarzas	Oviedo y otros
Salvia	Oviedo y otros
Verdolaga	Oviedo y otros
Ajenjo	López de Gomara
Escarzonera	López de Gomara

Los nuevos remedios viejos

---

[13] Pardo Tomás, José y López Terrada, María Luisa. 1993, *ob. cit.* pág. 200.

Con esta denominación, y de acuerdo a la propuesta de Pardo Tomás y López Terrada, nos referimos a medicamentos nuevos pero que son asimilados como sucedáneos de medicamentos de la farmacopea tradicional. Este mecanismo muestra claramente la falta de apertura a nuevos medicamentos, en tanto permanece la mentalidad galénica arabizada, y luego cuando la que la reemplaza, el galenismo humanista, sigue aferrada a criterios de cualidades y complexiones.

Al ya estar incorporado en la materia medica europeos se da el paradójico caso de nuevos medicamentos, que deben vestirse de viejos ropajes para poder ser aceptados. La clasificación más útil será pues la de los usos que tuvieron.

Las Resinas medicinales

Hemos comentado ya, en el panorama sanitario, la preocupación por las enfermedades infecciosas, sea en su forma endémica o epidémica, muy temidas sobre todo en esta segunda forma. La explicación de la medicina oficial era que las infecciones se producían por una corrupción del aire; que cuando alcanzaba grandes proporciones causaba las epidemias, esto se desarrollaría luego como la teoría miasmática. La prevención por consiguiente podría efectuarse purificando el aire con diversas sustancias aromáticas. Su uso, muy extendido se basaba casi exclusivamente en diversas resinas procedentes de Oriente y que por tanto se constituían en mercaderías muy valiosas, por su pequeño volumen y alto precio. Eran un continuo egreso tanto para los de mayores recursos como para los emergentes costos de la atención sanitaria a la Corona.

Estas mismas resinas por ser, de acuerdo a la teoría de las cualidades galénica, de naturaleza cálida, actuaban también en las enfermedades o procesos causados por frío. Es decir que tenían una doble demanda y sin duda si se creía haber llegado a las Indias, eran productos de elección para ubicar y comercializar.

A pesar de entusiasmos iniciales pronto fue claro que no se había llegado a las Indias, pero pese a ello el hallazgo de plantas y productos que eran aparentemente idénticos a los medicamentos que se traían de Oriente alentó la comercialización. Cuando posteriormente fue evidente que no eran los mismos productos ya se había comprobado que aunque diferentes botánicamente tenían propiedades terapéuticas idénticas o superiores a los simples ya conocidos, y se mantuvo su comercio, que en algunos caso fue muy considerable.

En las resinas aromáticas de uso médico encontramos un claro problema de identificación. Al ser productos que se pensaba conocer y eran «hallados» en Indias, no se describe los árboles originales ni los nombres nativos, más aún se utiliza ampliamente la sinonimia no farmacéutica sino popular con que estas diversas resinas se conocían en la península, por lo que poco se conoce de los productos originales y nada de su forma de uso entre los aborígenes. Pueden agruparse en algunas denominaciones generales en que cada una reúne diversos productos americanos pero que se identificaron con un solo producto o familia de simples europeos:

Almáciga

La almáciga clásica es una resina producto de varias especies de Pistáceas, fundamentalmente de la *Pistacia lentiscus* L. Originaria de Quíos, en su forma latina se le llamó Therebintus, que pasó al castellano como Trementina. Aunque la resina original tenía aplicación médica la que se encontró en América solo se utilizó en emplastos y también para barnices.

Anime

Es un termino genérico para diversas resinas procedentes de Arabia, utilizadas como sahumerios y también en enfermedades «frías». Su equivalente americano procede del *Hymenae courbaril* L., y otros árboles del mismo género. En muchas ocasiones se confundió este término con el Copal, otra planta esta sin equivalente europeo, y utilizada por la medicina nativa, que sin mayores disquisiciones se incorporo, para efectos de su comercialización, en el anime, o si había demanda específica se vendía con su nombre original.

Tacamahaca

Es un termino de origen náhuatl, y ya usado como medicamento en la medicina americana, agrupó a diversas resinas obtenidas del *Elaphrium tecomaca*, pero luego se extendió para denominar otras resinas obtenidas de especies del genero Icica.

Caraña

También término náhuatl es el correspondiente a la resina que se obtiene del género Icica. Procedente de Tierra Firme, según Monardes. Al igual que las anteriores se mantuvo en la medicina europea, con poca importancia, como irritante o vesicante hasta comienzos del siglo xx en aplicaciones tópicas[14]; sin embargo su uso desplazó a los originales asiáticos, y su escasa importancia se debe más a los cambios en la terapéutica que a sus propiedades.

Estoraque

El estoraque es a diferencia de las anteriores la resina que probablemente tuvo el mayor éxito comercial. El estoraque clásico es la resina extraída del *Liquidambar orientalis*. Miller, árbol nativo de Asia menor, de amplio uso como sahumerio y en aplicaciones locales en procesos de causa fría, pues según Monardes era caliente *«casi en el tercero grado»*. El comercio de esta resina era mucho mas abundante entre Europa y Asia, y el hallazgo de *Liquidámbar styraciflua* L en América, con idénticas propiedades y aún mejores por su mayor cualidad cálida, reemplazó totalmente al comercio asiático.

Igual que en los casos anteriores de menor éxito, este no se debió a las cualidades del producto americano, sino a los cambios en la terapéutica en los siglos siguientes. El impacto pues de esta confusión científica pero hallazgo comercial, fue un desplazamiento del comercio y la creación de rápidas fortunas.

Sangre de Drago

La famosa «sanguis draconis» era un término también genérico para diversas resinas, de color rojo, que se obtenían de especies con una diversidad geográfica amplia que va desde las especies indias, otras en java; Sumatra y Borneo, hasta la de Canarias, donde el «draco» es el árbol emblemático. El género americano: Croton, tiene diversas especies distribuidas en la zona andina como C. Draco, y C. Hibiscifolium. Descritos

---

[14] López Piñero, José María 1989 Introducción a «La Historia medicinal de las cosas que se traen de nuestras Indias occidentales (1565-1574) de Nicolás Monardes. Madrid, pág. 37.

ya los equivalentes americanos por Monardes, reemplazaron el comercio asiático e incluso el canario.

El bálsamo del Perú

El bálsamo es el mejor ejemplo de un medicamento americano que inicialmente confundido con otro conocido en Europa, no solo lo reemplazó con éxito sino que lo aventajó. En las descripciones clásicas de Dioscórides encontramos la referencia a un bálsamo, sustancia que se elaboraba aparentemente a partir del jugo de un árbol originario de Egipto y Oriente medio: *Commiphora opobalsamun* Engl, y que tenía extraordinarias aplicaciones, pero siendo la principal la de cicatrizante, o como se indicaba en la terminología de la época, era un vulnerario. Para la época ya había desaparecido de la farmacopea disponible, pero sus virtudes habían superado su inaccesibilidad y se habían buscado y aparentemente encontrado diversos sucedáneos en la baja edad media, ninguno de ellos por cierto con las virtudes atribuidas al original. La necesidad, en una época tan violenta y convulsa, de un específico para heridas abiertas era tanta que se mantenía tanto en la farmacopea como en el imaginario de boticarios y pacientes. Encontrar un sustituto americano fue un hallazgo extraordinario, y seguramente una gran alegría para los primeros europeos, pero además sus propiedades extraordinarias han hecho que se continúe su uso hasta la actualidad tanto en su forma original de Bálsamo del Perú o en su variante el Bálsamo de Tolú.

El Bálsamo del Perú, se obtiene, como es conocido, del *Miroxylom balsamum* (L.) Harms y era ya utilizado como cicatrizante y en otras aplicaciones por los méxicas y en la región andina. El primer contacto fue en México donde se copió su uso de los sanadores nativos. Quien primero señala su uso es Fernández de Oviedo quien con su conocida displicencia hacia los nativos americanos habla de un «Bálsamo artificial» el cual *«en llagas y desgarraduras, aunque faltare carne en la herida restaña la sangre cura las llagas maravillosamente (…) quando duele el vientre o otra parte de la persona, si es de frialdad, beviendo algunos tragos del agua que dicho que se saca deste árbol o planta, luego se quita e se siente, a lo menos, mucha mejoría; e continuándolo, en pocos días se quita todo el frío e humor e dolor causado de frío»*[15] No indica sin embargo ningún nombre nativo.

López de Gómara habla de «xilo» del cual dice *«otro árbol de que sacaban lo indios el licor que los nuestros llaman bálsamo»*[16] es pues López de Gómara el primero en indicarnos el nombre nativo. Luego Nicolás Monardes describe el bálsamo e indica que era conocido *«casi desde que se descubrió y ganó la Nueva España»*. El término xilo corresponde al vocablo náhuatl con el que se designaba si bien no a la planta, si al jugo de esta y que era el usado como bálsamo.

---

[15] Fernández de Oviedo, G. (1535): La historia general de las Indias, Sevilla, en la imprenta de Juan Cromberger., 97r. Citado en Pardo Tomás, José y López Terrada, María Luz. 1993, *ob. cit,* pág. 216.

[16] López de Gómara, F. (1946): Hispania Victrix. Primera y segunda parte de la Historia General de las Indias, con todo el descubrimiento, y cosas notables que han acaecido desde que se ganaron hasta el año 1551; con la conquista de México y de Nueva España. En : Historiadores primitivos de Indias, 5, Madrid. Atlas; págs. 156-455. Citado en Pardo Tomás, José y López Terrada, Maria Luisa. (1993) *ob. cit,* pág. 215.

El éxito del Bálsamo se debió a su identidad con una necesidad latente en Europa, aunque ahora sabemos que no era el bálsamo clásico, pero también refleja la búsqueda de vulnerarios entre los europeos, por ser un artículo fácilmente comercializable y rentable. No estuvo exento este hallazgo de efectos negativos para la materia medica, pues ya desde antes se había descrito otro bálsamo en el Caribe. La historia es interesante y la relata Fernández de Oviedo. La planta, dominicana, o Taína, denominada Goacanax, era usada entre los Taínos supuestamente para hacer teas con sus ramas desprendiendo un olor que refiere Fernández de Oviedo como muy desagradable para los Taínos pero agradable para los Españoles. Atribuye a un medico veneciano, Micer Codro o a un castellano Antón de Villasanta, el haber descubierto que el bálsamo que se producía de la corteza de este árbol tenía efectos curativos en *«heridas frescas»* así como en *«otras grandes e graves enfermedades de las que se suelen tener por incurables»*. Cuando el bálsamo del Perú alcanzó hegemonía comercial, el bálsamo de Goacanax, aparentemente de una especie no relacionada con el Miroxylon, fue olvidado. Nuevamente lo comercial, lo rentalizable primó sobre el interés terapéutico.

Los purgantes
Si las resinas aromáticas tuvieron aplicación según los conceptos médicos de la época en la purificación del aire, y en enfermedades «frías»; los purgantes encajaban perfectamente en los tratamientos expulsivos de la medicina renacentista que retomaba los conceptos hipocráticos. La purga como se sabe era junto con la sangría los dos recursos mas ampliamente utilizados por la Medicina entre el XVI y el XVII.

Su amplia difusión como terapéutica los hacía muy conocidos.

El mechoacan
Se vera al hablar de los nuevos medicamentos.

La cañafístola americana
El medicamento original solo fue conocido en Europa en la alta edad media a partir de la medicina clásica india, botánicamente es la legumbre de *Cassia fistula* L. Su comercio era relativamente abundante, pero la abundancia del sucedáneo en América (*Cassia grandis* L), fue conocida desde los viajes colombinos, pues crecía en el Caribe. Monardes señala su abundancia diciendo. *«viene de las islas de Santo Domingo y de San Juan de Puerto Rico mucha cantidad de cañafístola, y es tanta que no solo se provee della toda España, pero toda Europa y casi todo e mundo, porque a Levante, do ella solía venir, van mas naos cargadas dela que viene hierro de Vizcaya»*[17].

Vemos así que este producto revertió totalmente e sentido del comercio y marco no de los impactos que se achacan a todo el comercio proveniente de América, que con su abundancia y calidad echó por tierra los precios.

El ricino americano

---

[17] Monardes, Nicolás, 1580, Primera, segunda y tercera partes de la Historia Medicinal: de las cosas que se traen de nuestras Indias Occidentales, que sirven en Medicina. Tratado de la piedra Bezaar, y de la yerva Escuerçonera. Diálogo de la grandezas del Hierro, y de sus virtudes Medicinales. Tratado de la Nieve y del bever Frío. Hechos por...Sevilla en casa de Fernando Díaz, F. 20

El ricino era y continuó siendo uno de los purgantes mas utilizados, conocido por su nombre popular de «Higuerillas del infierno»; procedía de unas Euforbiáceas del género Ricinus, siendo el más utilizado el Ricino asiático (*Ricinus communis* L) el sucedáneo americano no es del mismo género pero tambien es una Euforbiacea; la Jatropha curcas L, muy semejante.

Purgantes diversos

Se describen diversos purgantes conocidos como «Avellanas purgativas», «Piñones purgativos»; «Habas purgativas» y «Leche de pipinichi». La primera se le llamo también «ben», un nombre con el cual se designaba a otro purgante que se obtenía de la Moringa oleífera, un árbol eurasiático.

Los Nuevos Medicamentos

Los nuevos medicamentos han recibido mucha más atención pero aun en ellos con las excepciones que señalaremos oportunamente también encontramos que se busca aquello que encaja en la mentalidad galénica se interpreta su acción según la misma mentalidad. En aquellos caso en que por la naturaleza que se le atribuía no deberían tener el efecto que se observa, el modo de pensar entraba en conflicto con la experiencia y daba lugar a largas polémicas, como las que se dieron con el tabaco y la misma quina. Son sin embargo algunos productos nuevos de características tales que fácilmente encajaban en el esquema interpretativo galénico y por tanto sus uso se difundió tan rápidamente como las otras pero no desataron polémica alguna.

El mechoacán

Este es un buen ejemplo de un medicamento nuevo, pero con una acción ya conocida, solo que en este caso el producto era notablemente mejor que los existentes medicamentos utilizados en la época. El mechoacán es un purgante, que Nicolás Monardes considera perfecto, por la facilidad de sus uso, por que no provoca dolores ni es violento como otros en uso.

«Dase en todo tiempo y en toda edad; hace su obra sin molestia y sin aquellos accidentes que las otras medicinas solutivas suelen hacer. Es medicina fácil al tomar, porque no tiene gusto. Solo tiene el sabor de la cosa con que se toma, porque es de suyo insípida y así es fácil para los niños, porque la toman sin sentir lo que es; es asimismo para las personas que no pueden tomar medicinas, porque esta no tiene olor ni sabor. Yo he purgado a ella muchos niños y a muchos últimamente viejos, porque la he dado a hombres de mas de ochenta años, y hacer en la obra muy buena y segura, sin ninguna alteración ni pesadumbre y sin quedar debilitado ni enflaquecido».

Guayacán

La sífilis que se comenzó a difundir paralelamente a los primeros contactos americanos, tuvo también desde la misma época un específico de extraordinaria importancia, el guayaco, que es una delas medicinas nuevas. Descrita por las fuentes colombinas en la primera década del XVI, su comercio monopolizado por la familia Fugger, se popularizó por la obra de Ulrich von Hutten «De guaiaci medicina et morbo gallico» de 1519. Sin embargo autores tan conocidos como Paracelso dudaron de sus propiedades.

El *Guaiacum officinale*, y su variante el *Guaiacum sanctum* o Palo Santo, sustentaron la idea del origen americano de la sífilis, pues Dios habría colocado la enfermedad y su cura en el mismo lugar.

China

La China (*Smilax china*) no es una planta americana, en realidad es asiática pero muy tempranamente fue traída para cultivarla en Nueva España, seguramente pensando en la feracidad del suelo y la mayor facilidad de comerciarla en un entorno colonial. Existía en América sin embargo una especie semejante (Smilax pseudo china) que fue la que finalmente se comercializo reemplazando, pero con el mismo nombre a la original.

Zarzaparrilla

El caso es similar al anterior, la zarzaparrilla europea *(Smilax aspera)* se conoce desde Dioscórides, y en América se encontraron varias especies similares, descritas por Monardes y que corresponden a otras especies del mismo género: S.medica; S.utilis; S.officinalis y S.syphilitica. Su popularización en América fue tal que se decía que no había casa donde no se encontrara en la forma de agua de zarzaparrilla.

Tabaco

Ya hemos señalado que el tabaco fue descrito por el propio Colón, pero su aspecto terapéutico fue muy discutido durante el XVI y el XVII, la forma de aspiración, que rápidamente tomo mucho auge, nunca fue la indicación terapéutica, la *Nicotiana tabacum* y la N. Rustica, ambas especies descritas ya en Monardes, solo se indicaban como opilatorios, es decir aplicadas topicamente, bien en emplastos o calentadas para afecciones tan diversas como dolores de cabeza, estomago, ijada, muelas y otras partes del cuerpo. También en heridas recientes, para lombrices y solo esporádicamente para las «pudriciones del pecho» Fue conocido sin embargo el uso como narcótico y planta ritual, lo cual fue considerado pernicioso.

Coca

La coca era tal vez la planta mas conocida como médica entre los pobladores andinos, sin embargo su uso ritual y su uso comohierba para evitar elcansancio fue lo único que vieron los europeos, quienes establecieron un comercio interior muy prospero, pues monopolizaron su venta al minoréo a los indígenas, es decir que rentabilizaron la planta sin darle uso medicinal propio con lo cual sus diversas propiedades narcóticas y anestésicas, solo fueron descubiertas en el XIX.

Sasafrás

Sasafras albidum, utilizado como sudorativo, antídoto y depurativo estomacal hasta el siglo XX, es también una de las nuevas plantas medicinales. Fue originalmente descrita por los franceses en Florida, pero luego descrito en casi toda América. Su nombre nativo era «paume», pero también se uso el nombre saxifragia.

Cebadilla

La cebadilla o *Schoenocaulon officinale* antihelmíntico interno y cáustico aplicado tópicamente tuvo aplicación hasta el siglo XX.

La difusión de la Materia Médica Americana

Solo esquemáticamente diremos que la difusión de la materia médica americana en Europa tuvo sus mas destacado representante en Nicolás Monardes, a quien ya hemos mencionado. Su obra traducida al latín por Clusius, tuvo además, solo e vida del autor diecisiete traducciones seis en italiano, cinco en latín, tres en francés, y tres en inglés; en el siguiente siglo otras catorce: siete en italiano, tres en francés, dos en latín una en inglés y una en alemán.

La Quina

La polémica de su descubrimiento

Aunque ampliamente conocida, para efectos de situarnos temporalmente, recordaremos la versión oficial del descubrimiento de la Quina y sus propiedades. En la jurisdicción de Loja, en el Virreinato del Perú, hacia 1630, un jesuita es curado por el cacique de Malacatos con la quina, y este jesuita a su vez cura al corregidor de la provincia, Juan López de Cañizares enfermo de «fiebres». Cuando al poco tiempo este corregidor se entera que la esposa del Virrey del Perú, el conde de Chinchon, a su paso por Panamá ha contraído fiebres, decide enviarle al Dr. Juan de la Vega, medico de cámara del Virrey los polvos, que de allí toman el nombre de «polvos de la condesa».

La difusión de la quina es rápida, en 1638 el agustino Fray Antonio de Calancha describe el árbol de la quina, y dice de él que es ampliamente utilizado tanto en América como en Europa, pidiéndolo incluso desde Roma. Lo concreto es que la orden jesuítica, asentada en la región de Maynas contribuyo mucho a su difusión remitiendo a su casa central en Roma cantidades crecientes de cascarilla, de allí la sinonimia de «polvo jesuítico» con que se conoció también en su difusión europea inicial. Es conocido el episodio en que el cardenal Mazarino recibió de Roma el polvo de los jesuitas para curar a Luis XIV.

Sin duda la versión mejor escrita de esta saga virreinal de los polvos de la condesa novelada en las Tradiciones Peruanas de Ricardo Palma, escritor peruano del XIX, que contribuyo como pocos a difundir esta versión romántica.

Pero observemos con algún detalle, esta historia fundacional. Lo que esta claro es que no fueron los criollos o los españoles los que descubren las propiedades febrifugas de la cascarilla o Quina, solo reciben el conocimiento, pero mas de un siglo después de haber ocupado los territorios. La historiografía española se ha cebado (especialmente en la tradición de José de Acosta) en la «mala voluntad» de los naturales para darles sus conocimientos secretos terapéuticos, pero para el XVII ya hace mucho que ha ocurrido el fenómeno que describimos anteriormente de eliminación de las élites andinas, incluyendo a los sanadores; solo queda una sanidad popular, siempre temerosa de ser considerada idolatría por los religiosos «extirpadores de idolatrías» La versión pues de que los nativos americanos no conocían las propiedades de la corteza son absurdas, no solo la conocían sino que lo utilizaban en forma tan amplia que un cacique, es decir no un sanador, es el que la hace conocer a los jesuitas. Como veremos a continuación el descontrol que se produjo sobre el uso de la Quina es una historia más en la que los criollos y peninsulares, una vez descubierta una posible fuente de rentabilidad dejan de lado los conocimientos y modos indígenas de obrar y se abocan al modo europeo, lo que en este caso específico condujo a un auge de la cascarilla en el XVII, una desvalorización y polémica en el XVIII, y finalmente a fines de este y el XIX un uso racional del específico americano.

Luego de 1630, en as siguientes décadas se produce una rapidísima difusión de la cascarilla, sin duda las epidemias de paludismo que asolaban extensos territorios peninsulares así como su acción sobre el signo y no sobre el proceso subyacente necesariamente, le daba un amplio abanico de posibilidades terapéuticas. En 1663, Sebastián Badó publica en Génova su obra *Anastasis corticis peruviannae seu chinachinae defensio.*

Sydenham la consideró útil para las tercianas y cuartanas. Sin embargo la opinión medica estaba dividida. La Quina fue identificada como poseedora de propiedades cálidas según la teoría de las cualidades galénica y eso ponía un freno teórico para su empleo en las fiebres. Otros médicos como Stahl, que ya dejando las concepciones galénicas estaban formando la medicina moderna, y ya en 1,700, consideraba que la fiebre es un estado positivo de la naturaleza que así se defiende de una agresión y que no debía tratarse con antifebriles. Además la cascarilla no era de carácter purgante, emética ni diaforética, mecanismos que según la renovada medicina hipocrática eran los permitían la recuperación del paciente, así que su uso era discutido. A estas discusiones sobre su utilidad en un período de cambio de paradigmas médicos se añade el pésimo manejo que se hizo de su distribución.

Los bosques de Loja en el norte del virreinato del Perú fueron rápidamente presa de los «cascarilleros» como se auto denominaban, que querían ganancias rápidas y destruían todos los árboles de cáscara amarga fueran o no cinchona. Los cajones de corteza eran mezclados sin distinguir las mas efectivas de las que lo eran menos. El prolongado e inadecuado almacenamiento reducía su efectividad y es que la quina es un ejemplo de la mentalidad rentalizadora con que se enfrentó toda la empresa americana. Naturalmente esta irregularidad en la calidad del abastecimiento a Europa apoyaba a aquellos que desconfiaban de sus propiedades. La corona española no actuó sino hasta el XVIII e inicialmente solo para asegurarse un suministro de calidad para la Botica Real.

La descripción botánica de la Quina no se realizo sino en 1737, por la Condamine jefe de la expedición científica Franco-Española destinada a medir el meridiano terrestre y determinar la forma de la tierra. Pero La Condamine no era botánico y confundió la quina roja con la quina blanca y este error fue acogido por Linneo que en *Genera Plantarum* de 1742 introduce el género Cinchona, según la descripción y las imágenes del expedicionario francés.. En *Materia Médica* , de 1749 añadió algunos datos medicinales, también referidos pues no contaba con ninguna muestra pero seguía manteniendo el error de La Condamine. En el intervalo Joseph Jussieu, otro de los integrantes de la expedición francesa hizo una correcta definición de la Quina, pero nunca publicó su memoria, que solo en 1936 tuvo su primera edición. En el intervalo,

Linneo había entablado contacto epistolar con José Celestino Mutis quien le envió en 1764 una muestra de la Cinchona, con lo cual en la edición de 1767 de *Sistema Naturae* la especie descrita por Linneo se corresponde a la que le había enviado Mutis y es la *Cinchona cordifolia*, reemplazando a la de La Condamine ó *Cinchona lancifolia*.

El estanco de Quina

Analizar el destino de la Quina y su comercialización en Europa desde las colonias americanas es material para una verdadera saga de intriga en la que se mezclan intereses comerciales, enemistades personales, contrabando, luchas por el poder y solo muy en el fondo verdaderos intereses científicos. Tal vez donde pueda verse mejor estas características es en el relato del frustrado Estanco de la Quina que se intento establecer en Nueva Granada, con la discutida participación de José Celestino Mutis[18].

Mutis había logrado de su protector el Virrey-Arzobispo Caballero, la organización de una expedición botánica, en 1782, pero que se realizara en Mariquita, lugar hacia donde se había trasladado e instalado Mutis a explotar unas minas. En 1785 basándose en unas pruebas de la Quina que había remitido Mutis a la Real Botica y que habían sido considerada de buena calidad, y basándose en la Real orden del 21 de agosto de 1784, ratificada por la del 22 de Abril de 1785, se daban los primeros pasos para el establecimiento de un estanco de Quina, ya que se indicaba que se acotara para su explotación tanto los árboles de Quina meridionales como los septentrionales, clasificación de la cual hablaremos mas adelante.. En 1786, desde Mariquita Mutis propone la creación del Estanco, que incluía el monopolio de la comercialización de la quina pero considerando zonas exclusivas de la Quina de Santa Fe el mercado europeo y peninsular a partir de 1791; y en cambio dejando la de Loja para el comercio con Asia.

Desde 1785 Mutis había contratado cosecheros y tenia a su disposición 200.000 libras de quina como producción anual, y al poco de proponer el estanco en 1786 hace un primer embarque. Nuevos embarques se realizan en 1787, y se sabe por una carta del Virrey Caballero que tenía almacenadas 500.000 libras más. Todo parecía listo para una operación política comercial de gran envergadura, pero en ese momento todo comenzó a fallar. El embarque de 1787, que llega en la «Santa María» y consiste en 435 cajones es inmovilizado en Cádiz y sometido por el protomédico a análisis por distintos médicos de la ciudad. Los resultados no fueron de los mejores; de 12 muestras

---

[18] Mutis nace en Cádiz en 1732, obtiene el bachillerato en Medicina en la Universidad de Sevilla en 1755 posteriormente en el jardín Botánico de Madrid y bajo dirección de Miguel Barnades estudió Botánica entre 1757 y 1760. en ese mismo año, a los 28 años, embarca como médico de cámara del recién nombrado virrey de Nueva Granada. Fue catedrático de matemáticas en 1762, y desde 1764 establece relación epistolar con Linneo. De 1766 a 1770 trabajo en las minas de Montusa. Regresa a Bogotá y en 1772 se ordena de sacerdote a los 40 años, permanece hasta 1777 practicando la medicina. Desde ese año hasta 1782 regresa a las minas de del Real del Sapo cerca de Ibague, pero abandona la mina y en 1782 propone al virrey, su decidido protector, una Expedición Botánica en Mariquita donde se establece y al tiempo que herboriza explota minas. Se hace muy rico. En 1791 retorna a Bogotá y se enzarza en su polémica con Hipólito Ruiz y José Pavón sobre la primacía en el descubrimiento de la Quina. Luego se ha visto las inconsistencias de las clasificaciones botánicas de Mutis. Su figura aunque encomiada en demasía por la historiografía arroja muchas dudas sobre el equilibrio entre sus intereses científicos y económicos, especialmente en el laboreo de minas y el pretendido estanco de la Quina.

analizadas 3 fueron eficaces, 7 fueron útiles, y 3 inútiles. Se ordenaron nuevos análisis pero la carga recibida, así como las sucesivas que llegaban, y que eran procedentes de la parte septentrional del virreinato de Nueva Granada, fueron retenidas, sumando mas de 1123 cajones que finalmente se decidieron vender en el extranjero, y usarlas en la península solo si llegaba a escasear la Quina de Loja.

Una muestra de Quina de la zona de Santa Martha, en el litoral atlántico, y que había sido también considerada por Mutis como de excelente calidad, es llevada por el propio virrey a la península pero examinada en 1788, es rechazada por la Real Botica. A comienzos de ese año ya se había dispuesto por Real Orden que se suspendieran los acopios de Quina de Santa Fe, hasta nuevas experiencia, pero a lo largo del año disposiciones contradictorias que luego solicitan la mayor cantidad posible de Quina septentrional nos indican los intereses diversos que se movían detrás del comercio de la Quina. El siguiente año, 1789 es de normas todas contrarias a la importación de Quina de Santa Fe, por los malos informes de calidad. Además diversas voces en la «mesa sobre la Quina» indican su preocupación por los intereses que podría tener Mutis en la explotación y en el establecimiento del Estanco.

En 1790 el 7 de Septiembre se ordena descartar ya el establecimiento del estanco de la Quina, y se da carta libre al comercio. La medida es complementada en Diciembre de ese mismo año indicando que la Quina de Loja será la única que se enviará a la Real Botica, y que la que se obtenga de otros lugares pueda ser vendida libremente en plena libertad de comercio.

La cantidad de Quina que se envió desde Santa Fe entre 1787 y 1789 sumó 4324 cajones con un total de 1.106.712 libras. La oposición marcada a su aceptación por los Boticarios de la Real Botica mezcla intereses comerciales sobre el monopolio que quería establecer Mutis y que despertó ambiciones, con falta de técnicas para determinar la calidad de la quina. Cabe señalar sin embargo que Mutis siempre atribuyo el fracaso de sus gestiones a la influencia de Hipólito Ruiz y José Pavón, a quienes consideraba con gran influencia en la corte, seguramente extrapolando sus propias influencias en el gobierno del Virrey Caballero. Lo que queda claro es que los grandes acopios realizados por Mutis, sin la debida calidad, apuntaban a una empresa comercial que seria muy beneficiada con el establecimiento del Estanco, y que al legar a Cádiz, despertó molestias por la limitación que produciría a la Quina del Perú y además intereses en controlar al menos parte del negocio que se presentaba en ciernes. Naturalmente todo se sustentaba en la mala calidad de al menos parte de los envíos de Mutis y que fueron hábilmente utilizados por sus detractores y competidores.

La Quina de la Real Botica

La Real Botica hasta 1768 se aprovisionaba de Quina Americana a través de la compra a particulares. En ese año, según un Real Orden enviada el 24 de marzo a los virreyes de Perú, Nueva Granada y Nueva España, se ordenaba, que, con cuenta a la Real hacienda remitieran varios géneros y frutos a fin de tener bien abastecido el

Real Servicio.[19] Era el inicio del intento de establecer un estanco para la Quina, al modo que ya se tenia para otras plantas, si bien en ningún caso de aplicación medica y tan enraizada en el comercio privado.. La finalidad de la Corona era específicamente económica; se esperaba ahorros considerables para las crecientes compras oficiales (como efectivamente sucedió), pero también el disponer de quina seleccionada y obtener beneficios de su comercialización por parte del estado.

La Quina en esa época aun no estaba muy difundida en Europa y solo se usaba con frecuencia en España, aunque existía un notable contrabando que la llevaba a todo el resto de Europa. Aunque era conocida como un simple, en realidad existían diversas especies e incluso géneros comercializados bajo ese rubro, lo que condujo a numerosas disputas para determinar cual era la mas adecuada y cuales eran, entre las que se enviaban a España las verdaderas Cinchonas. Esta disputa entre Comerciantes, Autoridades naturalistas y boticarios, más de una vez se desligó totalmente del aspecto científico desnudando intereses económicos y personales.

A efectos de los envíos a la Real Botica, que naturalmente exigía la más alta calidad, se dio la Real Orden por la que se establecía los envíos, que eran certificados según su calidad por el Boticario Real. De acuerdo a la experiencia acumulada y utilizando en forma práctica el puerto de embarque, las quinas para la Real Botica se clasificaban en dos tipos, las meridionales y las septentrionales. Las meridionales se referían a las recogidas en la Audiencia de Quito, que desde la época de Imperio Incaico formaba unidad con Perú, (era el llamado Contisuyo) y que luego con el resto de los territorios del centro y norte del actual Perú, formaba el Bajo Perú, para diferenciarse del Alto Perú correspondiente a la meseta del Collao, región actualmente compartida por Perú en su extremo sureste y toda la República Boliviana. Por entonces una reciente nueva demarcación del virreinato de Perú, segregó temporalmente la Audiencia de Quito del virreinato del Perú, anexándolo al de Nueva Granada. Era una situación artificial pues el conjunto de territorios formaban una unidad biológica y geográfica además de los lazos históricos y geográficos muy intensos.

Sus quinas eran consideradas las de mejor calidad y a pesar de tener una denominación común de Quinas existían tres clases bien diferenciadas.

Quinas del Perú.- recogida en los centros de Loja, Cuenca y Jaén, era la de mas alta calidad y también la sometida a una mayor explotación.

Quinas de Quito.- Acopiada en los alrededores de Quito, era de menor calidad a la del Perú, por la cual algunas veces se solía suplantar.

Quina Calisaya.- Otra denominación de menor calidad y que ante la escasez de las otras Quinas se acopió.

El sistema utilizado para la recolección era nombrar una comisión, las que siempre mantuvieron la diferenciación entre las correspondiente entre Quinas meridionales y septentrionales. El comisionado era siempre un corregidor de la ciudad de Loja. Este se trasladaba a la zona, contrataba unos cosecheros y acopiaba lo obtenido en la ciudad mas cercana, finalmente se acopiaba toda en Loja, donde se encajonaba y trasladada a

[19] Ver Andrés Turrión, Maria Luisa de. Y Terreros Gómez, María Rosario. 1997, Organización administrativa del ramo de la quina para la Real Hacienda Española en el Virreinato de Nueva Granada. En Riera Palmero, Juan. (coord..). Medicina y Quina en la España del siglo XVIII, Universidad de Valladolid, Valladolid, págs. 37

Guayaquil donde era embarcada hacia el Callao, de donde finalmente era embarcada hacia Cádiz. En los últimos años este viaje también se realizo con un primer embarque en Piura y el embarque hacia la península desde Paita, ambos puertos peruanos.. Se han registrado 19 remesas en la Real Botica de esta variedad de Quina.

La quina septentrional, mucho menos solicitada por su inferior calidad solo se conoce de tres envíos que recolectados en las proximidades de Santa Fe, fueron embarcados hacia Cádiz desde Cartagena de Indias.

La quina una vez llegada a Cádiz recibía un tratamiento especial, pues liberada de todo impuesto era trasladada hasta la Real Botica donde quedaba a cargo del Boticario mayor y el primer ayuda, quienes la limpiaban y pesaban, luego era sometida a análisis organolépticos y se clasificaba en tres calidades: de primera suerte, de segunda suerte y de tercera suerte.

La de primera suerte era destinada a la Familia Real y también como regalo a cortes extranjeras; la de segunda suerte era para uso de la Real Botica, que la utilizaba en el numeroso personal de la corte, la de tercera suerte era usada para limosnas. La progresiva falta de calidad de los envíos obligo a la creación de una cuarta suerte que también fue destinada a limosnas. Las remesas con la situación de insurgencia en América comenzaron a escasear y a partir de 1808 casi cesaron. Los registros de la Real Botica, muy estrictos por cierto, indicaban lo contenido en almacén, los ingresos y cada salida. A partir de 1808 solo hay egresos, pero la gran cantidad almacenada y su posterior reemplazo por otros antifebriles en la terapéutica mantuvo existencias hasta 1942, cuando los restos que quedaban fueron derivados, en pleno gobierno de Franco, y en un gesto nostálgico imperial, a la Dirección General de Marruecos y Colonias.

Materia medica y las expediciones del siglo XVIII

Durante el siglo XVIII se pueden distinguir dos períodos, el primero va de desde inicios del siglo hasta la muerte de Felipe V en 1746, se ha llamado a este período «preilustrado», y se caracteriza por individualidades que difunden las ciencias, pero se carece aun de instituciones que los respalden, paralelamente crece la centralización del poder en el monarca. El segundo período, que se extiende para efectos prácticos hasta 1808, es propiamente ilustrado y se realiza un esfuerzo para europeizar a España Es durante esta etapa que se realizan las expediciones científicas a América, la mayoría organizadas durante el reinado de Carlos III, aunque algunas de las mas importantes se iniciaron y/o continuaron durante el reinado de Carlos IV. Los propulsores y los integrantes de estas expediciones conformaban una minoría intelectual que produjo un reformismo moderado y minoritario, lo que explica que a partir de 1812 con la restauración, el declive de la ciencia española fuera tan marcado. La institucionalización de la ciencia, plasmada en fundaciones y reformas se extendió a las colonias americanas, pero estas, sobretodo en la segunda mitad del XVIII, ya habían adquirido una dinámica propia, también minoritaria por contacto directo con los autores mas modernos franceses y realizaron sus propias institucionalizaciones, las que en muchos caso no solo no recibieron apoyo central, sino que el conflicto entre criollos y peninsulares se traslado también al campo de la ciencia, limitando el desarrollo, como por ejemplo hemos visto en el caso de Balmis, siendo notables otros ejemplos como el de Alzate en México.

Las expediciones científicas fueron sin duda un esfuerzo de la corona, pero debe entenderse su génesis, sus objetivos y sus limitaciones. Que son émulas de las expediciones de otras potencias europeas que así avanzaban a una mas moderna forma de imperio es evidente, pero los objetivos de la corona española, no coherentes necesariamente entre las diversas administraciones que intervenían en la organización de las expediciones fueron no tan claros como los de otras potencias coloniales. En las expediciones españolas el lastre de una administración colonial y de una política errada durante muchos años lleva a que se espere obtener de estas expediciones no solo frutos científicos, sino beneficios concretos inmediatos, los que al no conseguirse fueron uno de los factores por los que se les retiró el apoyo. Las limitaciones de las expediciones son las de la ciencia española de la época: insuficiente institucionalización, escasos participantes, intensa oposición y finalmente no menos importante, cierta tendencia a no exceder en los alcances del cambio, buscar un equilibrio entre tradición y modernidad, imposible de conseguir en los términos en que se planteaba.

Las expediciones científicas

A mediados del XVIII, y hasta comienzos del XIX se realiza una fase exploratoria, de la historia natural americana. Es la etapa de las expediciones científicas ilustradas, iniciadas por impulso exterior, fundamentalmente planificadas y ejecutadas durante el Reinado de Carlos III, y que corresponden a una expresión del absolutismo borbónico, guardan estrechas relaciones con el reformismo de esta casa gobernante, pero además no pueden desligarse del contexto del inicio de la decadencia del imperio español. Por todo lo señalado, los frutos de ese esfuerzo, no tan grande como pretende la historiografía española, no existen, ni en América ni en España. En todo caso, en las nacientes repúblicas americanas coincidió, que no generó, con un proceso de desarrollo científico autóctono que luego también se frustraría pero por razones muy diferentes al caso metropolitano.

En el período entre 1735 y 1835 se realizan 63 expediciones.

El carácter expedicionario es variado, la mayoría tenían carácter geográfico y complementariamente botánicas, algunas, las menos, tuvieron un carácter más botánico o de clasificación, pero dentro de ellas están las más importantes por su impacto posterior: la de La Condamine, a Perú, en la que estuvo representada España por Jorge Juan y Antonio Ulloa, y que la historiografía española llama la expedición de Juan y Ulloa, aun cuando es claro que la expedición era francesa con unos añadidos españoles.

Conclusiones

El encuentro de las concepciones populares médicas está aun pendiente de estudio.

Los factores económicos determinaron la adquisición de la materia medica americana, en calidad y cantidad.

El tardío acercamiento a la medicina americana impidió su aprovechamiento como corriente renovadora. El impacto de la materia medica americana se diluyó por la política colonial española.

Las colonias americanas mantuvieron un doble sistema sanitario, con predominio del no oficial.

El auge de los conocimientos sobre materia médica se inserta en la dinámica de la decadencia del Imperio Español. La Historia no es una ciencia predictiva, pero si es una ciencia consejera. Mirar atrás y discernir, en medio de un aparente progreso lineal las múltiples influencias, todas extracientíficas, que signaron algo tan cercano como la terapéutica, nos debe hacer pensar en los procesos que hoy se están desarrollando a nuestro alrededor, y en los cuales, probablemente sigan actuando fuerzas similares.

www.ingramcontent.com/pod-product-compliance
Lightning Source LLC
Chambersburg PA
CBHW071140280326
41935CB00010B/1301